Das ist das

Klassentreffen-Freundebuch

von

....

Heute ist der .... 20 ....

Wir feiern ....

Unser Treffpunkt:

....

....

Hier stecken meine Freunde:

Hallo!

Ich bin neugierig und freue mich, wenn du dich >> weiter hinten >> in mein Klassentreffen-Freundebuch einträgst.

Erinnerst du dich noch? Ich war das hier:

– Foto aus der Schulzeit –

Heute sehe ich so aus:

– Aktuelles Foto –

Ich heiße: ....

Mein Nachname zur Schulzeit war: ....

Mein Spitzname in der Schule war: ....

Geboren wurde ich am .... in ....

Meine E-Mail-Adresse: ....

Meine Telefonnummer: ....

Folgende Schulen habe ich besucht:

Schule .... von .... bis ....

Schule .... von .... bis ....

Schule .... von .... bis ....

Schule .... von .... bis ....

Meine besonderen Merkmale aus der Schulzeit waren:

❏ super pünktlich   ❏ freie Zeiteinteilung
❏ leckeres Pausenbrot   ❏ oft kein Futter eingepackt
❏ Hausaufgabe dabei   ❏ Hausaufgabe – was ist das?
❏ Super-Streber   ❏ mittlerer Mitläufer
❏ auf dem neuesten Stand ❏ nix gepeilt
❏ ständig am Ratschen   ❏ schweigsam und still
❏ fit wie ein Turnschuh   ❏ schlapp vom Partymachen

❏ ....

❏ ....

Daran hast du mich erkannt:

Haare: ....

Kleidung: ....

Schuhe: ....

Daran erkennst du mich heute:

Haare: ....

Kleidung: ....

Schuhe: ....

Mein Lieblingssitznachbar war: ....

Neben .... wollte ich nie sitzen, weil

....

Diese Fächer mochte ich gern: ....

....

Auf diese Fächer hätte ich lieber verzichtet: ....

....

Meine zwei Lieblingslehrer waren:

.... (Fach: ....)

.... (Fach: ....)

Diese zwei Lehrer hätte ich lieber beurlauben lassen:

.... (Fach: ....)

.... (Fach: ....)

An der Schule fand ich toll, dass: ....

....

Manchmal wäre ich lieber nicht zur Schule gegangen, weil: ....

....

Ihn/Sie mochte ich besonders gern: ....

Ihn/Sie konnte ich nicht leiden: ....

Irgendwann fiel mir auf, dass ich in .... verknallt war.

Und ich bemerkte, dass .... in mich verknallt war.

Dies hatte zur Folge, dass ....

....

Diese besonderen Kurse habe ich belegt:

....

Meinen Schulabschluss habe ich ☐ glorreich ☐ ganz gut ☐ so la la

☐ gerade noch   ☐ immer noch nicht   gemacht.

So ging es nach der Schulzeit bei mir weiter:

Lehre zum/zur ....

❏ abgeschlossen   ❏ abgebrochen

Studium ....

❏ abgeschlossen   ❏ abgebrochen

Sonstiges: ....

Ich hatte nach der Schulzeit genug vom Sitzen und machte

❏ eine Weltreise   ❏ meine eigene Firma   ❏ Kinder

❏ die Geldbörse weit auf und pumpte mir Geld

❏ ....

Beruflich habe ich/bin ich heute

❏ Top Job   ❏ Führungskraft   ❏ Manager   ❏ Checker
❏ unterbezahlt   ❏ frustriert   ❏ wieder mal in Ausbildung

❏ ....

Partnerschaftlich bin ich

❏ Happy Single   ❏ noch zu haben   ❏ glücklich verheiratet
❏ in Trennung   ❏ erfolgreich geschieden   ❏ einsam

❏ ....

Kinder?

❏ keine eigenen   ❏ wenige   ❏ viele   ❏ geborgte

❏ noch unterwegs   ❏ Bestellung verpasst   ❏ danke nein

❏ ....

Wohnort?

❏ Großstadt   ❏ Kleinstadt   ❏ Dorf   ❏ Prärie   ❏ auf hoher See

❏ ....

Momentan wohne ich

❏ in einem Haus   ❏ in einer Wohnung   ❏ in einer WG

❏ in einem Wohnwagen   ❏ in einem Zelt/in einer Jurte

❏ ....

Ich liebe es, in meiner Freizeit ....

....

Gegen diese Speisen/Sachen bin ich allergisch: ....

....

Ich stehe total auf ....

....

Wenn ich mir ein Auto wünschen dürfte, wäre das ein ....

....

So viel Geld hätte ich gerne: ....

Wenn ich die Wahl hätte, würde ich gerne hier wohnen: ....

....

Und dort wäre ich gerne .... von Beruf.

Könnte ich die Zeit nochmal zurückdrehen, würde ich ....

....

....

Wenn wir uns in ☐ 5 ☐ 10 ☐ 15 ☐ 20 ☐ .... Jahren
wieder treffen, wird sich Folgendes bei mir verändert haben:

....

....

Mein Spruch für dich:

....

....

....

....

Fingerabdruck:

Ich heiße: ....

Mein Nachname zur Schulzeit war: ....

Mein Spitzname in der Schule war: ....

Geboren wurde ich am .... in ....

Meine E-Mail-Adresse: ....

Meine Telefonnummer: ....

Folgende Schulen habe ich besucht:

Schule .... von .... bis ....

Schule .... von .... bis ....

Schule .... von .... bis ....

Schule .... von .... bis ....

Meine besonderen Merkmale aus der Schulzeit waren:

❑   super pünktlich   ❑   freie Zeiteinteilung
❑   leckeres Pausenbrot   ❑   oft kein Futter eingepackt
❑   Hausaufgabe dabei   ❑   Hausaufgabe – was ist das?
❑   Super-Streber   ❑   mittlerer Mitläufer
❑   auf dem neuesten Stand   ❑   nix gepeilt
❑   ständig am Ratschen   ❑   schweigsam und still
❑   fit wie ein Turnschuh   ❑   schlapp vom Partymachen

❑   ....

❑   ....

Daran hast du mich erkannt:

Haare: ....

Kleidung: ....

Schuhe: ....

Daran erkennst du mich heute:

Haare: ....

Kleidung: ....

Schuhe: ....

Mein Lieblingssitznachbar war: ....

Neben .... wollte ich nie sitzen, weil

....

Diese Fächer mochte ich gern: ....

....

Auf diese Fächer hätte ich lieber verzichtet: ....

....

Meine zwei Lieblingslehrer waren:

.... (Fach: ....)

.... (Fach: ....)

Diese zwei Lehrer hätte ich lieber beurlauben lassen:

.... (Fach: ....)

.... (Fach: ....)

An der Schule fand ich toll, dass: ....

....

Manchmal wäre ich lieber nicht zur Schule gegangen, weil: ....

....

Ihn/Sie mochte ich besonders gern: ....

Ihn/Sie konnte ich nicht leiden: ....

Irgendwann fiel mir auf, dass ich in ....verknallt war.

Und ich bemerkte, dass .... in mich verknallt war.

Dies hatte zur Folge, dass ....

....

Diese besonderen Kurse habe ich belegt:

....

Meinen Schulabschluss habe ich ❏ glorreich ❏ ganz gut ❏ so la la

❏ gerade noch   ❏ immer noch nicht   gemacht.

11

So ging es nach der Schulzeit bei mir weiter:

Lehre zum/zur ....

❑ abgeschlossen　　❑ abgebrochen

Studium ....

❑ abgeschlossen　　❑ abgebrochen

Sonstiges: ....

Ich hatte nach der Schulzeit genug vom Sitzen und machte

❑ eine Weltreise　　❑ meine eigene Firma　　❑ Kinder

❑ die Geldbörse weit auf und pumpte mir Geld

❑ ....

Beruflich habe ich/bin ich heute

❑ Top Job　　❑ Führungskraft　　❑ Manager　　❑ Checker
❑ unterbezahlt　　❑ frustriert　　❑ wieder mal in Ausbildung

❑ ....

Partnerschaftlich bin ich

❑ Happy Single　　❑ noch zu haben　　❑ glücklich verheiratet
❑ in Trennung　　❑ erfolgreich geschieden　　❑ einsam

❑ ....

Kinder?

❑ keine eigenen　　❑ wenige　　❑ viele　　❑ geborgte

❑ noch unterwegs　　❑ Bestellung verpasst　　❑ danke nein

❑ ....

Wohnort?

❑ Großstadt　❑ Kleinstadt　❑ Dorf　❑ Prärie　❑ auf hoher See

❑ ....

Momentan wohne ich

❑ in einem Haus　　　❑ in einer Wohnung　　❑ in einer WG

❑ in einem Wohnwagen　　❑ in einem Zelt/in einer Jurte

❑ ....

Ich liebe es, in meiner Freizeit ....
....

Gegen diese Speisen/Sachen bin ich allergisch: ....
....

Ich stehe total auf ....
....

Wenn ich mir ein Auto wünschen dürfte, wäre das ein ....
....

So viel Geld hätte ich gerne: ....

Wenn ich die Wahl hätte, würde ich gerne hier wohnen: ....
....

Und dort wäre ich gerne .... von Beruf.

Könnte ich die Zeit nochmal zurückdrehen, würde ich ....
....
....

Wenn wir uns in ☐ 5 ☐ 10 ☐ 15 ☐ 20 ☐ .... Jahren
wieder treffen, wird sich Folgendes bei mir verändert haben:
....
....

Mein Spruch für dich:
....
....
....
....

Ich heiße: ....

Mein Nachname zur Schulzeit war: ....

Mein Spitzname in der Schule war: ....

Geboren wurde ich am .... in ....

Meine E-Mail-Adresse: ....

Meine Telefonnummer: ....

Folgende Schulen habe ich besucht:

Schule .... von .... bis ....

Schule .... von .... bis ....

Schule .... von .... bis ....

Schule .... von .... bis ....

Meine besonderen Merkmale aus der Schulzeit waren:

❑   super pünktlich   ❑   freie Zeiteinteilung
❑   leckeres Pausenbrot   ❑   oft kein Futter eingepackt
❑   Hausaufgabe dabei   ❑   Hausaufgabe – was ist das?
❑   Super-Streber   ❑   mittlerer Mitläufer
❑   auf dem neuesten Stand   ❑   nix gepeilt
❑   ständig am Ratschen   ❑   schweigsam und still
❑   fit wie ein Turnschuh   ❑   schlapp vom Partymachen

❑   ....

❑   ....

Daran hast du mich erkannt:

Haare: ....

Kleidung: ....

Schuhe: ....

Daran erkennst du mich heute:

Haare: ....

Kleidung: ....

Schuhe: ....

Mein Lieblingssitznachbar war: ....

Neben .... wollte ich nie sitzen, weil

....

Diese Fächer mochte ich gern: ....

....

Auf diese Fächer hätte ich lieber verzichtet: ....

....

Meine zwei Lieblingslehrer waren:

.... (Fach: ....)

.... (Fach: ....)

Diese zwei Lehrer hätte ich lieber beurlauben lassen:

.... (Fach: ....)

.... (Fach: ....)

An der Schule fand ich toll, dass: ....

....

Manchmal wäre ich lieber nicht zur Schule gegangen, weil: ....

....

Ihn/Sie mochte ich besonders gern: ....

Ihn/Sie konnte ich nicht leiden: ....

Irgendwann fiel mir auf, dass ich in .... verknallt war.

Und ich bemerkte, dass .... in mich verknallt war.

Dies hatte zur Folge, dass ....

....

Diese besonderen Kurse habe ich belegt:

....

Meinen Schulabschluss habe ich ❑ glorreich ❑ ganz gut ❑ so la la

❑ gerade noch ❑ immer noch nicht gemacht.

15

So ging es nach der Schulzeit bei mir weiter:

Lehre zum/zur ....

❑ abgeschlossen ❑ abgebrochen

Studium ....

❑ abgeschlossen ❑ abgebrochen

Sonstiges: ....

Ich hatte nach der Schulzeit genug vom Sitzen und machte

❑ eine Weltreise ❑ meine eigene Firma ❑ Kinder

❑ die Geldbörse weit auf und pumpte mir Geld

❑ ....

Beruflich habe ich/bin ich heute

❑ Top Job ❑ Führungskraft ❑ Manager ❑ Checker
❑ unterbezahlt ❑ frustriert ❑ wieder mal in Ausbildung

❑ ....

Partnerschaftlich bin ich

❑ Happy Single ❑ noch zu haben ❑ glücklich verheiratet
❑ in Trennung ❑ erfolgreich geschieden ❑ einsam

❑ ....

Kinder?

❑ keine eigenen ❑ wenige ❑ viele ❑ geborgte

❑ noch unterwegs ❑ Bestellung verpasst ❑ danke nein

❑ ....

Wohnort?

❑ Großstadt ❑ Kleinstadt ❑ Dorf ❑ Prärie ❑ auf hoher See

❑ ....

Momentan wohne ich

❑ in einem Haus ❑ in einer Wohnung ❑ in einer WG

❑ in einem Wohnwagen ❑ in einem Zelt/in einer Jurte

❑ ....

Ich liebe es, in meiner Freizeit ....

....

Gegen diese Speisen/Sachen bin ich allergisch: ....

....

Ich stehe total auf ....

....

Wenn ich mir ein Auto wünschen dürfte, wäre das ein ....

....

So viel Geld hätte ich gerne: ....

Wenn ich die Wahl hätte, würde ich gerne hier wohnen: ....

....

Und dort wäre ich gerne .... von Beruf.

Könnte ich die Zeit nochmal zurückdrehen, würde ich ....

....

....

Wenn wir uns in ❑ 5 ❑ 10 ❑ 15 ❑ 20 ❑ .... Jahren
wieder treffen, wird sich Folgendes bei mir verändert haben:

....

....

Mein Spruch für dich:

....

....

....

....

Ich heiße: ....

Mein Nachname zur Schulzeit war: ....

Mein Spitzname in der Schule war: ....

Geboren wurde ich am .... in ....

Meine E-Mail-Adresse: ....

Meine Telefonnummer: ....

Folgende Schulen habe ich besucht:

Schule .... von .... bis ....

Schule .... von .... bis ....

Schule .... von .... bis ....

Schule .... von .... bis ....

Meine besonderen Merkmale aus der Schulzeit waren:

❑   super pünktlich   ❑   freie Zeiteinteilung
❑   leckeres Pausenbrot   ❑   oft kein Futter eingepackt
❑   Hausaufgabe dabei   ❑   Hausaufgabe – was ist das?
❑   Super-Streber   ❑   mittlerer Mitläufer
❑   auf dem neuesten Stand   ❑   nix gepeilt
❑   ständig am Ratschen   ❑   schweigsam und still
❑   fit wie ein Turnschuh   ❑   schlapp vom Partymachen

❑   ....

❑   ....

Daran hast du mich erkannt:

Haare: ....

Kleidung: ....

Schuhe: ....

Daran erkennst du mich heute:

Haare: ....

Kleidung: ....

Schuhe: ....

Mein Lieblingssitznachbar war: ....

Neben .... wollte ich nie sitzen, weil

....

Diese Fächer mochte ich gern: ....

....

Auf diese Fächer hätte ich lieber verzichtet: ....

....

Meine zwei Lieblingslehrer waren:

.... (Fach: ....)

.... (Fach: ....)

Diese zwei Lehrer hätte ich lieber beurlauben lassen:

.... (Fach: ....)

.... (Fach: ....)

An der Schule fand ich toll, dass: ....

....

Manchmal wäre ich lieber nicht zur Schule gegangen, weil: ....

....

Ihn/Sie mochte ich besonders gern: ....

Ihn/Sie konnte ich nicht leiden: ....

Irgendwann fiel mir auf, dass ich in .... verknallt war.

Und ich bemerkte, dass .... in mich verknallt war.

Dies hatte zur Folge, dass ....

....

Diese besonderen Kurse habe ich belegt:

....

Meinen Schulabschluss habe ich ❑ glorreich ❑ ganz gut ❑ so la la

❑ gerade noch   ❑ immer noch nicht   gemacht.

So ging es nach der Schulzeit bei mir weiter:

Lehre zum/zur ....

❏ abgeschlossen   ❏ abgebrochen

Studium ....

❏ abgeschlossen   ❏ abgebrochen

Sonstiges: ....

Ich hatte nach der Schulzeit genug vom Sitzen und machte

❏ eine Weltreise   ❏ meine eigene Firma   ❏ Kinder

❏ die Geldbörse weit auf und pumpte mir Geld

❏ ....

Beruflich habe ich/bin ich heute

❏ Top Job   ❏ Führungskraft   ❏ Manager   ❏ Checker
❏ unterbezahlt   ❏ frustriert   ❏ wieder mal in Ausbildung

❏ ....

Partnerschaftlich bin ich

❏ Happy Single   ❏ noch zu haben   ❏ glücklich verheiratet
❏ in Trennung   ❏ erfolgreich geschieden   ❏ einsam

❏ ....

Kinder?

❏ keine eigenen   ❏ wenige   ❏ viele   ❏ geborgte
❏ noch unterwegs   ❏ Bestellung verpasst   ❏ danke nein

❏ ....

Wohnort?

❏ Großstadt ❏ Kleinstadt ❏ Dorf ❏ Prärie ❏ auf hoher See

❏ ....

Momentan wohne ich

❏ in einem Haus   ❏ in einer Wohnung   ❏ in einer WG

❏ in einem Wohnwagen   ❏ in einem Zelt/in einer Jurte

❏ ....

Ich liebe es, in meiner Freizeit ....

....

Gegen diese Speisen/Sachen bin ich allergisch: ....

....

Ich stehe total auf ....

....

Wenn ich mir ein Auto wünschen dürfte, wäre das ein ....

....

So viel Geld hätte ich gerne: ....

Wenn ich die Wahl hätte, würde ich gerne hier wohnen: ....

....

Und dort wäre ich gerne .... von Beruf.

Könnte ich die Zeit nochmal zurückdrehen, würde ich ....

....

....

Wenn wir uns in ☐ 5 ☐ 10 ☐ 15 ☐ 20 ☐ .... Jahren
wieder treffen, wird sich Folgendes bei mir verändert haben:

....

....

Mein Spruch für dich:

....

....

....

....

Ich heiße: ....

Mein Nachname zur Schulzeit war: ....

Mein Spitzname in der Schule war: ....

Geboren wurde ich am .... in ....

Meine E-Mail-Adresse: ....

Meine Telefonnummer: ....

Folgende Schulen habe ich besucht:

Schule .... von .... bis ....

Schule .... von .... bis ....

Schule .... von .... bis ....

Schule .... von .... bis ....

Meine besonderen Merkmale aus der Schulzeit waren:

❑   super pünktlich ❑   freie Zeiteinteilung
❑   leckeres Pausenbrot ❑   oft kein Futter eingepackt
❑   Hausaufgabe dabei ❑   Hausaufgabe – was ist das?
❑   Super-Streber ❑   mittlerer Mitläufer
❑   auf dem neuesten Stand ❑   nix gepeilt
❑   ständig am Ratschen ❑   schweigsam und still
❑   fit wie ein Turnschuh ❑   schlapp vom Partymachen

❑   ....

❑   ....

Daran hast du mich erkannt:

Haare: ....

Kleidung: ....

Schuhe: ....

Daran erkennst du mich heute:

Haare: ....

Kleidung: ....

Schuhe: ....

Mein Lieblingssitznachbar war: ....

Neben .... wollte ich nie sitzen, weil

....

Diese Fächer mochte ich gern: ....

....

Auf diese Fächer hätte ich lieber verzichtet: ....

....

Meine zwei Lieblingslehrer waren:

.... (Fach: ....)

.... (Fach: ....)

Diese zwei Lehrer hätte ich lieber beurlauben lassen:

.... (Fach: ....)

.... (Fach: ....)

An der Schule fand ich toll, dass: ....

....

Manchmal wäre ich lieber nicht zur Schule gegangen, weil: ....

....

Ihn/Sie mochte ich besonders gern: ....

Ihn/Sie konnte ich nicht leiden: ....

Irgendwann fiel mir auf, dass ich in ....verknallt war.

Und ich bemerkte, dass .... in mich verknallt war.

Dies hatte zur Folge, dass ....

....

Diese besonderen Kurse habe ich belegt:

....

Meinen Schulabschluss habe ich ❏ glorreich ❏ ganz gut ❏ so la la

❏ gerade noch   ❏ immer noch nicht   gemacht.

23

So ging es nach der Schulzeit bei mir weiter:

Lehre zum/zur ....

❑ abgeschlossen   ❑ abgebrochen

Studium ....

❑ abgeschlossen   ❑ abgebrochen

Sonstiges: ....

Ich hatte nach der Schulzeit genug vom Sitzen und machte

❑ eine Weltreise   ❑ meine eigene Firma   ❑ Kinder

❑ die Geldbörse weit auf und pumpte mir Geld

❑ ....

Beruflich habe ich/bin ich heute

❑ Top Job   ❑ Führungskraft   ❑ Manager   ❑ Checker
❑ unterbezahlt   ❑ frustriert   ❑ wieder mal in Ausbildung

❑ ....

Partnerschaftlich bin ich

❑ Happy Single   ❑ noch zu haben   ❑ glücklich verheiratet
❑ in Trennung   ❑ erfolgreich geschieden   ❑ einsam

❑ ....

Kinder?

❑ keine eigenen   ❑ wenige   ❑ viele   ❑ geborgte

❑ noch unterwegs   ❑ Bestellung verpasst   ❑ danke nein

❑ ....

Wohnort?

❑ Großstadt   ❑ Kleinstadt   ❑ Dorf   ❑ Prärie   ❑ auf hoher See

❑ ....

Momentan wohne ich

❑ in einem Haus   ❑ in einer Wohnung   ❑ in einer WG

❑ in einem Wohnwagen   ❑ in einem Zelt/in einer Jurte

❑ ....

Ich liebe es, in meiner Freizeit ....
....

Gegen diese Speisen/Sachen bin ich allergisch: ....
....

Ich stehe total auf ....
....

Wenn ich mir ein Auto wünschen dürfte, wäre das ein ....
....

So viel Geld hätte ich gerne: ....

Wenn ich die Wahl hätte, würde ich gerne hier wohnen: ....
....

Und dort wäre ich gerne .... von Beruf.

Könnte ich die Zeit nochmal zurückdrehen, würde ich ....
....
....

Wenn wir uns in ❏ 5 ❏ 10 ❏ 15 ❏ 20 ❏ .... Jahren
wieder treffen, wird sich Folgendes bei mir verändert haben:
....
....

Mein Spruch für dich:
....
....
....
....

Ich heiße: ....

Mein Nachname zur Schulzeit war: ....

Mein Spitzname in der Schule war: ....

Geboren wurde ich am .... in ....

Meine E-Mail-Adresse: ....

Meine Telefonnummer: ....

Folgende Schulen habe ich besucht:

Schule .... von .... bis ....

Schule .... von .... bis ....

Schule .... von .... bis ....

Schule .... von .... bis ....

Meine besonderen Merkmale aus der Schulzeit waren:

❏	super pünktlich	❏	freie Zeiteinteilung
❏	leckeres Pausenbrot	❏	oft kein Futter eingepackt
❏	Hausaufgabe dabei	❏	Hausaufgabe – was ist das?
❏	Super-Streber	❏	mittlerer Mitläufer
❏	auf dem neuesten Stand	❏	nix gepeilt
❏	ständig am Ratschen	❏	schweigsam und still
❏	fit wie ein Turnschuh	❏	schlapp vom Partymachen

❏ ....

❏ ....

Daran hast du mich erkannt:

Haare: ....

Kleidung: ....

Schuhe: ....

Daran erkennst du mich heute:

Haare: ....

Kleidung: ....

Schuhe: ....

Mein Lieblingssitznachbar war: ....

Neben .... wollte ich nie sitzen, weil

....

Diese Fächer mochte ich gern: ....

....

Auf diese Fächer hätte ich lieber verzichtet: ....

....

Meine zwei Lieblingslehrer waren:

.... (Fach: ....)

.... (Fach: ....)

Diese zwei Lehrer hätte ich lieber beurlauben lassen:

.... (Fach: ....)

.... (Fach: ....)

An der Schule fand ich toll, dass: ....

....

Manchmal wäre ich lieber nicht zur Schule gegangen, weil: ....

....

Ihn/Sie mochte ich besonders gern: ....

Ihn/Sie konnte ich nicht leiden: ....

Irgendwann fiel mir auf, dass ich in .... verknallt war.

Und ich bemerkte, dass .... in mich verknallt war.

Dies hatte zur Folge, dass ....

....

Diese besonderen Kurse habe ich belegt:

....

Meinen Schulabschluss habe ich ❏ glorreich ❏ ganz gut ❏ so la la

❏ gerade noch ❏ immer noch nicht gemacht.

So ging es nach der Schulzeit bei mir weiter:

Lehre zum/zur ....

❏ abgeschlossen   ❏ abgebrochen

Studium ....

❏ abgeschlossen   ❏ abgebrochen

Sonstiges: ....

Ich hatte nach der Schulzeit genug vom Sitzen und machte

❏ eine Weltreise   ❏ meine eigene Firma   ❏ Kinder

❏ die Geldbörse weit auf und pumpte mir Geld

❏ ....

Beruflich habe ich/bin ich heute

❏ Top Job   ❏ Führungskraft   ❏ Manager   ❏ Checker
❏ unterbezahlt   ❏ frustriert   ❏ wieder mal in Ausbildung

❏ ....

Partnerschaftlich bin ich

❏ Happy Single   ❏ noch zu haben   ❏ glücklich verheiratet
❏ in Trennung   ❏ erfolgreich geschieden   ❏ einsam

❏ ....

Kinder?

❏ keine eigenen   ❏ wenige   ❏ viele   ❏ geborgte

❏ noch unterwegs   ❏ Bestellung verpasst   ❏ danke nein

❏ ....

Wohnort?

❏ Großstadt   ❏ Kleinstadt   ❏ Dorf   ❏ Prärie   ❏ auf hoher See

❏ ....

Momentan wohne ich

❏ in einem Haus   ❏ in einer Wohnung   ❏ in einer WG

❏ in einem Wohnwagen   ❏ in einem Zelt/in einer Jurte

❏ ....

Ich liebe es, in meiner Freizeit ....
....
Gegen diese Speisen/Sachen bin ich allergisch: ....
....
Ich stehe total auf ....
....

Wenn ich mir ein Auto wünschen dürfte, wäre das ein ....
....
So viel Geld hätte ich gerne: ....

Wenn ich die Wahl hätte, würde ich gerne hier wohnen: ....
....
Und dort wäre ich gerne .... von Beruf.

Könnte ich die Zeit nochmal zurückdrehen, würde ich ....
....
....
Wenn wir uns in ☐ 5 ☐ 10 ☐ 15 ☐ 20 ☐ .... Jahren
wieder treffen, wird sich Folgendes bei mir verändert haben:
....
....

Mein Spruch für dich:

....
....
....
....

Ich heiße: ....

Mein Nachname zur Schulzeit war: ....

Mein Spitzname in der Schule war: ....

Geboren wurde ich am .... in ....

Meine E-Mail-Adresse: ....

Meine Telefonnummer: ....

Folgende Schulen habe ich besucht:

Schule .... von .... bis ....

Schule .... von .... bis ....

Schule .... von .... bis ....

Schule .... von .... bis ....

Meine besonderen Merkmale aus der Schulzeit waren:

❑   super pünktlich   ❑   freie Zeiteinteilung
❑   leckeres Pausenbrot   ❑   oft kein Futter eingepackt
❑   Hausaufgabe dabei   ❑   Hausaufgabe – was ist das?
❑   Super-Streber   ❑   mittlerer Mitläufer
❑   auf dem neuesten Stand   ❑   nix gepeilt
❑   ständig am Ratschen   ❑   schweigsam und still
❑   fit wie ein Turnschuh   ❑   schlapp vom Partymachen

❑   ....

❑   ....

Daran hast du mich erkannt:

Haare: ....

Kleidung: ....

Schuhe: ....

Daran erkennst du mich heute:

Haare: ....

Kleidung: ....

Schuhe: ....

Mein Lieblingssitznachbar war: ....

Neben .... wollte ich nie sitzen, weil

....

Diese Fächer mochte ich gern: ....

....

Auf diese Fächer hätte ich lieber verzichtet: ....

....

Meine zwei Lieblingslehrer waren:

.... (Fach: ....)

.... (Fach: ....)

Diese zwei Lehrer hätte ich lieber beurlauben lassen:

.... (Fach: ....)

.... (Fach: ....)

An der Schule fand ich toll, dass: ....

....

Manchmal wäre ich lieber nicht zur Schule gegangen, weil: ....

....

Ihn/Sie mochte ich besonders gern: ....

Ihn/Sie konnte ich nicht leiden: ....

Irgendwann fiel mir auf, dass ich in .... verknallt war.

Und ich bemerkte, dass .... in mich verknallt war.

Dies hatte zur Folge, dass ....

....

Diese besonderen Kurse habe ich belegt:

....

Meinen Schulabschluss habe ich ❏ glorreich ❏ ganz gut ❏ so la la

❏ gerade noch   ❏ immer noch nicht   gemacht.

31

So ging es nach der Schulzeit bei mir weiter:

Lehre zum/zur ....

❑ abgeschlossen   ❑ abgebrochen

Studium ....

❑ abgeschlossen   ❑ abgebrochen

Sonstiges: ....

Ich hatte nach der Schulzeit genug vom Sitzen und machte

❑ eine Weltreise   ❑ meine eigene Firma   ❑ Kinder

❑ die Geldbörse weit auf und pumpte mir Geld

❑ ....

Beruflich habe ich/bin ich heute

❑ Top Job   ❑ Führungskraft   ❑ Manager   ❑ Checker
❑ unterbezahlt   ❑ frustriert   ❑ wieder mal in Ausbildung

❑ ....

Partnerschaftlich bin ich

❑ Happy Single   ❑ noch zu haben   ❑ glücklich verheiratet
❑ in Trennung   ❑ erfolgreich geschieden   ❑ einsam

❑ ....

Kinder?

❑ keine eigenen   ❑ wenige   ❑ viele   ❑ geborgte
❑ noch unterwegs   ❑ Bestellung verpasst   ❑ danke nein

❑ ....

Wohnort?

❑ Großstadt   ❑ Kleinstadt   ❑ Dorf   ❑ Prärie   ❑ auf hoher See

❑ ....

Momentan wohne ich

❑ in einem Haus   ❑ in einer Wohnung   ❑ in einer WG
❑ in einem Wohnwagen   ❑ in einem Zelt/in einer Jurte

❑ ....

Ich liebe es, in meiner Freizeit ....

....

Gegen diese Speisen/Sachen bin ich allergisch: ....

....

Ich stehe total auf ....

....

Wenn ich mir ein Auto wünschen dürfte, wäre das ein ....

....

So viel Geld hätte ich gerne: ....

Wenn ich die Wahl hätte, würde ich gerne hier wohnen: ....

....

Und dort wäre ich gerne .... von Beruf.

Könnte ich die Zeit nochmal zurückdrehen, würde ich ....

....

....

Wenn wir uns in ☐ 5   ☐ 10   ☐ 15   ☐ 20   ☐ .... Jahren
wieder treffen, wird sich Folgendes bei mir verändert haben:

....

....

Mein Spruch für dich:

....

....

....

....

33

Ich heiße: ....

Mein Nachname zur Schulzeit war: ....

Mein Spitzname in der Schule war: ....

Geboren wurde ich am .... in ....

Meine E-Mail-Adresse: ....

Meine Telefonnummer: ....

Folgende Schulen habe ich besucht:

Schule .... von .... bis ....

Schule .... von .... bis ....

Schule .... von .... bis ....

Schule .... von .... bis ....

Meine besonderen Merkmale aus der Schulzeit waren:

❑ super pünktlich ❑ freie Zeiteinteilung
❑ leckeres Pausenbrot ❑ oft kein Futter eingepackt
❑ Hausaufgabe dabei ❑ Hausaufgabe – was ist das?
❑ Super-Streber ❑ mittlerer Mitläufer
❑ auf dem neuesten Stand ❑ nix gepeilt
❑ ständig am Ratschen ❑ schweigsam und still
❑ fit wie ein Turnschuh ❑ schlapp vom Partymachen

❑ ....

❑ ....

Daran hast du mich erkannt:

Haare: ....

Kleidung: ....

Schuhe: ....

Daran erkennst du mich heute:

Haare: ....

Kleidung: ....

Schuhe: ....

Mein Lieblingssitznachbar war: ....

Neben .... wollte ich nie sitzen, weil

....

Diese Fächer mochte ich gern: ....

....

Auf diese Fächer hätte ich lieber verzichtet: ....

....

Meine zwei Lieblingslehrer waren:

.... (Fach: ....)

.... (Fach: ....)

Diese zwei Lehrer hätte ich lieber beurlauben lassen:

.... (Fach: ....)

.... (Fach: ....)

An der Schule fand ich toll, dass: ....

....

Manchmal wäre ich lieber nicht zur Schule gegangen, weil: ....

....

Ihn/Sie mochte ich besonders gern: ....

Ihn/Sie konnte ich nicht leiden: ....

Irgendwann fiel mir auf, dass ich in .... verknallt war.

Und ich bemerkte, dass .... in mich verknallt war.

Dies hatte zur Folge, dass ....

....

Diese besonderen Kurse habe ich belegt:

....

Meinen Schulabschluss habe ich ❑ glorreich ❑ ganz gut ❑ so la la

❑ gerade noch   ❑ immer noch nicht   gemacht.

35

So ging es nach der Schulzeit bei mir weiter:

Lehre zum/zur ....

❑ abgeschlossen   ❑ abgebrochen

Studium ....

❑ abgeschlossen   ❑ abgebrochen

Sonstiges: ....

Ich hatte nach der Schulzeit genug vom Sitzen und machte

❑ eine Weltreise   ❑ meine eigene Firma   ❑ Kinder

❑ die Geldbörse weit auf und pumpte mir Geld

❑ ....

Beruflich habe ich/bin ich heute

❑ Top Job   ❑ Führungskraft   ❑ Manager   ❑ Checker
❑ unterbezahlt   ❑ frustriert   ❑ wieder mal in Ausbildung

❑ ....

Partnerschaftlich bin ich

❑ Happy Single   ❑ noch zu haben   ❑ glücklich verheiratet
❑ in Trennung   ❑ erfolgreich geschieden   ❑ einsam

❑ ....

Kinder?

❑ keine eigenen   ❑ wenige   ❑ viele   ❑ geborgte

❑ noch unterwegs   ❑ Bestellung verpasst   ❑ danke nein

❑ ....

Wohnort?

❑ Großstadt   ❑ Kleinstadt   ❑ Dorf   ❑ Prärie   ❑ auf hoher See

❑ ....

Momentan wohne ich

❑ in einem Haus   ❑ in einer Wohnung   ❑ in einer WG

❑ in einem Wohnwagen   ❑ in einem Zelt/in einer Jurte

❑ ....

Ich liebe es, in meiner Freizeit ....

....

Gegen diese Speisen/Sachen bin ich allergisch: ....

....

Ich stehe total auf ....

....

Wenn ich mir ein Auto wünschen dürfte, wäre das ein ....

....

So viel Geld hätte ich gerne: ....

Wenn ich die Wahl hätte, würde ich gerne hier wohnen: ....

....

Und dort wäre ich gerne .... von Beruf.

Könnte ich die Zeit nochmal zurückdrehen, würde ich ....

....

....

Wenn wir uns in ☐ 5 ☐ 10 ☐ 15 ☐ 20 ☐ .... Jahren
wieder treffen, wird sich Folgendes bei mir verändert haben:

....

....

Mein Spruch für dich:

....

....

....

....

Ich heiße: ....

Mein Nachname zur Schulzeit war: ....

Mein Spitzname in der Schule war: ....

Geboren wurde ich am .... in ....

Meine E-Mail-Adresse: ....

Meine Telefonnummer: ....

Folgende Schulen habe ich besucht:

Schule .... von .... bis ....

Schule .... von .... bis ....

Schule .... von .... bis ....

Schule .... von .... bis ....

Meine besonderen Merkmale aus der Schulzeit waren:

- ❑ super pünktlich
- ❑ leckeres Pausenbrot
- ❑ Hausaufgabe dabei
- ❑ Super-Streber
- ❑ auf dem neuesten Stand
- ❑ ständig am Ratschen
- ❑ fit wie ein Turnschuh

- ❑ freie Zeiteinteilung
- ❑ oft kein Futter eingepackt
- ❑ Hausaufgabe – was ist das?
- ❑ mittlerer Mitläufer
- ❑ nix gepeilt
- ❑ schweigsam und still
- ❑ schlapp vom Partymachen

- ❑ ....
- ❑ ....

Daran hast du mich erkannt:

Haare: ....

Kleidung: ....

Schuhe: ....

Daran erkennst du mich heute:

Haare: ....

Kleidung: ....

Schuhe: ....

Mein Lieblingssitznachbar war: ....

Neben .... wollte ich nie sitzen, weil

....

Diese Fächer mochte ich gern: ....

....

Auf diese Fächer hätte ich lieber verzichtet: ....

....

Meine zwei Lieblingslehrer waren:

.... (Fach: ....)

.... (Fach: ....)

Diese zwei Lehrer hätte ich lieber beurlauben lassen:

.... (Fach: ....)

.... (Fach: ....)

An der Schule fand ich toll, dass: ....

....

Manchmal wäre ich lieber nicht zur Schule gegangen, weil: ....

....

Ihn/Sie mochte ich besonders gern: ....

Ihn/Sie konnte ich nicht leiden: ....

Irgendwann fiel mir auf, dass ich in .... verknallt war.

Und ich bemerkte, dass .... in mich verknallt war.

Dies hatte zur Folge, dass ....

....

Diese besonderen Kurse habe ich belegt:

....

Meinen Schulabschluss habe ich ❑ glorreich ❑ ganz gut ❑ so la la

❑ gerade noch   ❑ immer noch nicht   gemacht.

So ging es nach der Schulzeit bei mir weiter:

Lehre zum/zur ....

❑ abgeschlossen ❑ abgebrochen

Studium ....

❑ abgeschlossen ❑ abgebrochen

Sonstiges: ....

Ich hatte nach der Schulzeit genug vom Sitzen und machte

❑ eine Weltreise ❑ meine eigene Firma ❑ Kinder

❑ die Geldbörse weit auf und pumpte mir Geld

❑ ....

Beruflich habe ich/bin ich heute

❑ Top Job ❑ Führungskraft ❑ Manager ❑ Checker
❑ unterbezahlt ❑ frustriert ❑ wieder mal in Ausbildung

❑ ....

Partnerschaftlich bin ich

❑ Happy Single ❑ noch zu haben ❑ glücklich verheiratet
❑ in Trennung ❑ erfolgreich geschieden ❑ einsam

❑ ....

Kinder?

❑ keine eigenen ❑ wenige ❑ viele ❑ geborgte

❑ noch unterwegs ❑ Bestellung verpasst ❑ danke nein

❑ ....

Wohnort?

❑ Großstadt ❑ Kleinstadt ❑ Dorf ❑ Prärie ❑ auf hoher See

❑ ....

Momentan wohne ich

❑ in einem Haus ❑ in einer Wohnung ❑ in einer WG

❑ in einem Wohnwagen ❑ in einem Zelt/in einer Jurte

❑ ....

Ich liebe es, in meiner Freizeit ....

....

Gegen diese Speisen/Sachen bin ich allergisch: ....

....

Ich stehe total auf ....

....

Wenn ich mir ein Auto wünschen dürfte, wäre das ein ....

....

So viel Geld hätte ich gerne: ....

Wenn ich die Wahl hätte, würde ich gerne hier wohnen: ....

....

Und dort wäre ich gerne .... von Beruf.

Könnte ich die Zeit nochmal zurückdrehen, würde ich ....

....

....

Wenn wir uns in ❑ 5 ❑ 10 ❑ 15 ❑ 20 ❑ .... Jahren
wieder treffen, wird sich Folgendes bei mir verändert haben:

....

....

Mein Spruch für dich:

....

....

....

....

Ich heiße:

....

Mein Nachname zur Schulzeit war: ....

Mein Spitzname in der Schule war: ....

Geboren wurde ich am .... in ....

Meine E-Mail-Adresse: ....

Meine Telefonnummer: ....

Folgende Schulen habe ich besucht:

Schule .... von .... bis ....

Schule .... von .... bis ....

Schule .... von .... bis ....

Schule .... von .... bis ....

Meine besonderen Merkmale aus der Schulzeit waren:

- ❏ super pünktlich
- ❏ leckeres Pausenbrot
- ❏ Hausaufgabe dabei
- ❏ Super-Streber
- ❏ auf dem neuesten Stand
- ❏ ständig am Ratschen
- ❏ fit wie ein Turnschuh

- ❏ freie Zeiteinteilung
- ❏ oft kein Futter eingepackt
- ❏ Hausaufgabe – was ist das?
- ❏ mittlerer Mitläufer
- ❏ nix gepeilt
- ❏ schweigsam und still
- ❏ schlapp vom Partymachen

❏ ....

❏ ....

Daran hast du mich erkannt:

Haare: ....

Kleidung: ....

Schuhe: ....

Daran erkennst du mich heute:

Haare: ....

Kleidung: ....

Schuhe: ....

Mein Lieblingssitznachbar war: ....

Neben .... wollte ich nie sitzen, weil

....

Diese Fächer mochte ich gern: ....

....

Auf diese Fächer hätte ich lieber verzichtet: ....

....

Meine zwei Lieblingslehrer waren:

.... (Fach: ....)

.... (Fach: ....)

Diese zwei Lehrer hätte ich lieber beurlauben lassen:

.... (Fach: ....)

.... (Fach: ....)

An der Schule fand ich toll, dass: ....

....

Manchmal wäre ich lieber nicht zur Schule gegangen, weil: ....

....

Ihn/Sie mochte ich besonders gern: ....

Ihn/Sie konnte ich nicht leiden: ....

Irgendwann fiel mir auf, dass ich in .... verknallt war.

Und ich bemerkte, dass .... in mich verknallt war.

Dies hatte zur Folge, dass ....

....

Diese besonderen Kurse habe ich belegt:

....

Meinen Schulabschluss habe ich ❑ glorreich ❑ ganz gut ❑ so la la

❑ gerade noch ❑ immer noch nicht gemacht.

43

So ging es nach der Schulzeit bei mir weiter:

Lehre zum/zur ....

❑ abgeschlossen   ❑ abgebrochen

Studium ....

❑ abgeschlossen   ❑ abgebrochen

Sonstiges: ....

Ich hatte nach der Schulzeit genug vom Sitzen und machte

❑ eine Weltreise   ❑ meine eigene Firma   ❑ Kinder

❑ die Geldbörse weit auf und pumpte mir Geld

❑ ....

Beruflich habe ich/bin ich heute

❑ Top Job   ❑ Führungskraft   ❑ Manager   ❑ Checker
❑ unterbezahlt   ❑ frustriert   ❑ wieder mal in Ausbildung

❑ ....

Partnerschaftlich bin ich

❑ Happy Single   ❑ noch zu haben   ❑ glücklich verheiratet
❑ in Trennung   ❑ erfolgreich geschieden   ❑ einsam

❑ ....

Kinder?

❑ keine eigenen   ❑ wenige   ❑ viele   ❑ geborgte

❑ noch unterwegs   ❑ Bestellung verpasst   ❑ danke nein

❑ ....

Wohnort?

❑ Großstadt   ❑ Kleinstadt   ❑ Dorf   ❑ Prärie   ❑ auf hoher See

❑ ....

Momentan wohne ich

❑ in einem Haus   ❑ in einer Wohnung   ❑ in einer WG

❑ in einem Wohnwagen   ❑ in einem Zelt/in einer Jurte

❑ ....

Ich liebe es, in meiner Freizeit ....

....

Gegen diese Speisen/Sachen bin ich allergisch: ....

....

Ich stehe total auf ....

....

Wenn ich mir ein Auto wünschen dürfte, wäre das ein ....

....

So viel Geld hätte ich gerne: ....

Wenn ich die Wahl hätte, würde ich gerne hier wohnen: ....

....

Und dort wäre ich gerne .... von Beruf.

Könnte ich die Zeit nochmal zurückdrehen, würde ich ....

....

....

Wenn wir uns in ☐ 5 ☐ 10 ☐ 15 ☐ 20 ☐ .... Jahren
wieder treffen, wird sich Folgendes bei mir verändert haben:

....

....

Mein Spruch für dich:

....

....

....

....

45

Ich heiße: ....

Mein Nachname zur Schulzeit war: ....

Mein Spitzname in der Schule war: ....

Geboren wurde ich am .... in ....

Meine E-Mail-Adresse: ....

Meine Telefonnummer: ....

Folgende Schulen habe ich besucht:

Schule .... von .... bis ....

Schule .... von .... bis ....

Schule .... von .... bis ....

Schule .... von .... bis ....

Meine besonderen Merkmale aus der Schulzeit waren:

❑ super pünktlich   ❑ freie Zeiteinteilung
❑ leckeres Pausenbrot   ❑ oft kein Futter eingepackt
❑ Hausaufgabe dabei   ❑ Hausaufgabe – was ist das?
❑ Super-Streber   ❑ mittlerer Mitläufer
❑ auf dem neuesten Stand   ❑ nix gepeilt
❑ ständig am Ratschen   ❑ schweigsam und still
❑ fit wie ein Turnschuh   ❑ schlapp vom Partymachen

❑ ....

❑ ....

Daran hast du mich erkannt:

Haare: ....

Kleidung: ....

Schuhe: ....

Daran erkennst du mich heute:

Haare: ....

Kleidung: ....

Schuhe: ....

Mein Lieblingssitznachbar war: ....

Neben .... wollte ich nie sitzen, weil

....

Diese Fächer mochte ich gern: ....

....

Auf diese Fächer hätte ich lieber verzichtet: ....

....

Meine zwei Lieblingslehrer waren:

.... (Fach: ....)

.... (Fach: ....)

Diese zwei Lehrer hätte ich lieber beurlauben lassen:

.... (Fach: ....)

.... (Fach: ....)

An der Schule fand ich toll, dass: ....

....

Manchmal wäre ich lieber nicht zur Schule gegangen, weil: ....

....

Ihn/Sie mochte ich besonders gern: ....

Ihn/Sie konnte ich nicht leiden: ....

Irgendwann fiel mir auf, dass ich in .... verknallt war.

Und ich bemerkte, dass .... in mich verknallt war.

Dies hatte zur Folge, dass ....

....

Diese besonderen Kurse habe ich belegt:

....

Meinen Schulabschluss habe ich ❑ glorreich ❑ ganz gut ❑ so la la

❑ gerade noch   ❑ immer noch nicht   gemacht.

So ging es nach der Schulzeit bei mir weiter:

Lehre zum/zur ....

❑ abgeschlossen   ❑ abgebrochen

Studium ....

❑ abgeschlossen   ❑ abgebrochen

Sonstiges: ....

Ich hatte nach der Schulzeit genug vom Sitzen und machte

❑ eine Weltreise   ❑ meine eigene Firma   ❑ Kinder

❑ die Geldbörse weit auf und pumpte mir Geld

❑ ....

Beruflich habe ich/bin ich heute

❑ Top Job   ❑ Führungskraft   ❑ Manager   ❑ Checker
❑ unterbezahlt   ❑ frustriert   ❑ wieder mal in Ausbildung

❑ ....

Partnerschaftlich bin ich

❑ Happy Single   ❑ noch zu haben   ❑ glücklich verheiratet
❑ in Trennung   ❑ erfolgreich geschieden   ❑ einsam

❑ ....

Kinder?

❑ keine eigenen   ❑ wenige   ❑ viele   ❑ geborgte
❑ noch unterwegs   ❑ Bestellung verpasst   ❑ danke nein

❑ ....

Wohnort?

❑ Großstadt   ❑ Kleinstadt   ❑ Dorf   ❑ Prärie   ❑ auf hoher See

❑ ....

Momentan wohne ich

❑ in einem Haus   ❑ in einer Wohnung   ❑ in einer WG
❑ in einem Wohnwagen   ❑ in einem Zelt/in einer Jurte

❑ ....

Ich liebe es, in meiner Freizeit ....

....

Gegen diese Speisen/Sachen bin ich allergisch: ....

....

Ich stehe total auf ....

....

Wenn ich mir ein Auto wünschen dürfte, wäre das ein ....

....

So viel Geld hätte ich gerne: ....

Wenn ich die Wahl hätte, würde ich gerne hier wohnen: ....

....

Und dort wäre ich gerne .... von Beruf.

Könnte ich die Zeit nochmal zurückdrehen, würde ich ....

....

....

Wenn wir uns in ☐ 5 ☐ 10 ☐ 15 ☐ 20 ☐ .... Jahren
wieder treffen, wird sich Folgendes bei mir verändert haben:
....

....

Mein Spruch für dich:

....

....

....

....

Ich heiße: ....

Mein Nachname zur Schulzeit war: ....

Mein Spitzname in der Schule war: ....

Geboren wurde ich am .... in ....

Meine E-Mail-Adresse: ....

Meine Telefonnummer: ....

Folgende Schulen habe ich besucht:

Schule .... von .... bis ....

Schule .... von .... bis ....

Schule .... von .... bis ....

Schule .... von .... bis ....

Meine besonderen Merkmale aus der Schulzeit waren:

❑ super pünktlich ❑ freie Zeiteinteilung
❑ leckeres Pausenbrot ❑ oft kein Futter eingepackt
❑ Hausaufgabe dabei ❑ Hausaufgabe – was ist das?
❑ Super-Streber ❑ mittlerer Mitläufer
❑ auf dem neuesten Stand ❑ nix gepeilt
❑ ständig am Ratschen ❑ schweigsam und still
❑ fit wie ein Turnschuh ❑ schlapp vom Partymachen

❑ ....

❑ ....

Daran hast du mich erkannt:

Haare: ....

Kleidung: ....

Schuhe: ....

Daran erkennst du mich heute:

Haare: ....

Kleidung: ....

Schuhe: ....

Mein Lieblingssitznachbar war: ....

Neben .... wollte ich nie sitzen, weil

....

Diese Fächer mochte ich gern: ....

....

Auf diese Fächer hätte ich lieber verzichtet: ....

....

Meine zwei Lieblingslehrer waren:

.... (Fach: ....)

.... (Fach: ....)

Diese zwei Lehrer hätte ich lieber beurlauben lassen:

.... (Fach: ....)

.... (Fach: ....)

An der Schule fand ich toll, dass: ....

....

Manchmal wäre ich lieber nicht zur Schule gegangen, weil: ....

....

Ihn/Sie mochte ich besonders gern: ....

Ihn/Sie konnte ich nicht leiden: ....

Irgendwann fiel mir auf, dass ich in .... verknallt war.

Und ich bemerkte, dass .... in mich verknallt war.

Dies hatte zur Folge, dass ....

....

Diese besonderen Kurse habe ich belegt:

....

Meinen Schulabschluss habe ich ❑ glorreich ❑ ganz gut ❑ so la la

❑ gerade noch   ❑ immer noch nicht   gemacht.

51

So ging es nach der Schulzeit bei mir weiter:

Lehre zum/zur ....

❑ abgeschlossen ❑ abgebrochen

Studium ....

❑ abgeschlossen ❑ abgebrochen

Sonstiges: ....

Ich hatte nach der Schulzeit genug vom Sitzen und machte

❑ eine Weltreise ❑ meine eigene Firma ❑ Kinder

❑ die Geldbörse weit auf und pumpte mir Geld

❑ ....

Beruflich habe ich/bin ich heute

❑ Top Job ❑ Führungskraft ❑ Manager ❑ Checker
❑ unterbezahlt ❑ frustriert ❑ wieder mal in Ausbildung

❑ ....

Partnerschaftlich bin ich

❑ Happy Single ❑ noch zu haben ❑ glücklich verheiratet
❑ in Trennung ❑ erfolgreich geschieden ❑ einsam

❑ ....

Kinder?

❑ keine eigenen ❑ wenige ❑ viele ❑ geborgte

❑ noch unterwegs ❑ Bestellung verpasst ❑ danke nein

❑ ....

Wohnort?

❑ Großstadt ❑ Kleinstadt ❑ Dorf ❑ Prärie ❑ auf hoher See

❑ ....

Momentan wohne ich

❑ in einem Haus ❑ in einer Wohnung ❑ in einer WG

❑ in einem Wohnwagen ❑ in einem Zelt/in einer Jurte

❑ ....

Ich liebe es, in meiner Freizeit ....

....

Gegen diese Speisen/Sachen bin ich allergisch: ....

....

Ich stehe total auf ....

....

Wenn ich mir ein Auto wünschen dürfte, wäre das ein ....

....

So viel Geld hätte ich gerne: ....

Wenn ich die Wahl hätte, würde ich gerne hier wohnen: ....

....

Und dort wäre ich gerne .... von Beruf.

Könnte ich die Zeit nochmal zurückdrehen, würde ich ....

....

....

Wenn wir uns in ☐ 5   ☐ 10   ☐ 15   ☐ 20   ☐ .... Jahren
wieder treffen, wird sich Folgendes bei mir verändert haben:

....

....

Mein Spruch für dich:

....

....

....

....

Ich heiße: ....

Mein Nachname zur Schulzeit war: ....

Mein Spitzname in der Schule war: ....

Geboren wurde ich am .... in ....

Meine E-Mail-Adresse: ....

Meine Telefonnummer: ....

Folgende Schulen habe ich besucht:

Schule .... von .... bis ....

Schule .... von .... bis ....

Schule .... von .... bis ....

Schule .... von .... bis ....

Meine besonderen Merkmale aus der Schulzeit waren:

❑ super pünktlich ❑ freie Zeiteinteilung

❑ leckeres Pausenbrot ❑ oft kein Futter eingepackt

❑ Hausaufgabe dabei ❑ Hausaufgabe – was ist das?

❑ Super-Streber ❑ mittlerer Mitläufer

❑ auf dem neuesten Stand ❑ nix gepeilt

❑ ständig am Ratschen ❑ schweigsam und still

❑ fit wie ein Turnschuh ❑ schlapp vom Partymachen

❑ ....

❑ ....

Daran hast du mich erkannt:

Haare: ....

Kleidung: ....

Schuhe: ....

Daran erkennst du mich heute:

Haare: ....

Kleidung: ....

Schuhe: ....

Mein Lieblingssitznachbar war: ....

Neben .... wollte ich nie sitzen, weil

....

Diese Fächer mochte ich gern: ....

....

Auf diese Fächer hätte ich lieber verzichtet: ....

....

Meine zwei Lieblingslehrer waren:

.... (Fach: ....)

.... (Fach: ....)

Diese zwei Lehrer hätte ich lieber beurlauben lassen:

.... (Fach: ....)

.... (Fach: ....)

An der Schule fand ich toll, dass: ....

....

Manchmal wäre ich lieber nicht zur Schule gegangen, weil: ....

....

Ihn/Sie mochte ich besonders gern: ....

Ihn/Sie konnte ich nicht leiden: ....

Irgendwann fiel mir auf, dass ich in ....verknallt war.

Und ich bemerkte, dass .... in mich verknallt war.

Dies hatte zur Folge, dass ....

....

Diese besonderen Kurse habe ich belegt:

....

Meinen Schulabschluss habe ich ❏ glorreich ❏ ganz gut ❏ so la la

❏ gerade noch   ❏ immer noch nicht   gemacht.

55

So ging es nach der Schulzeit bei mir weiter:

Lehre zum/zur ....

❑ abgeschlossen   ❑ abgebrochen

Studium ....

❑ abgeschlossen   ❑ abgebrochen

Sonstiges: ....

Ich hatte nach der Schulzeit genug vom Sitzen und machte

❑ eine Weltreise   ❑ meine eigene Firma   ❑ Kinder

❑ die Geldbörse weit auf und pumpte mir Geld

❑ ....

Beruflich habe ich/bin ich heute

❑ Top Job   ❑ Führungskraft   ❑ Manager   ❑ Checker
❑ unterbezahlt   ❑ frustriert   ❑ wieder mal in Ausbildung

❑ ....

Partnerschaftlich bin ich

❑ Happy Single   ❑ noch zu haben   ❑ glücklich verheiratet
❑ in Trennung   ❑ erfolgreich geschieden   ❑ einsam

❑ ....

Kinder?

❑ keine eigenen   ❑ wenige   ❑ viele   ❑ geborgte

❑ noch unterwegs   ❑ Bestellung verpasst   ❑ danke nein

❑ ....

Wohnort?

❑ Großstadt   ❑ Kleinstadt   ❑ Dorf   ❑ Prärie   ❑ auf hoher See

❑ ....

Momentan wohne ich

❑ in einem Haus   ❑ in einer Wohnung   ❑ in einer WG

❑ in einem Wohnwagen   ❑ in einem Zelt/in einer Jurte

❑ ....

Ich liebe es, in meiner Freizeit ....
....

Gegen diese Speisen/Sachen bin ich allergisch: ....
....

Ich stehe total auf ....
....

Wenn ich mir ein Auto wünschen dürfte, wäre das ein ....
....

So viel Geld hätte ich gerne: ....

Wenn ich die Wahl hätte, würde ich gerne hier wohnen: ....
....

Und dort wäre ich gerne .... von Beruf.

Könnte ich die Zeit nochmal zurückdrehen, würde ich ....
....
....

Wenn wir uns in ☐ 5 ☐ 10 ☐ 15 ☐ 20 ☐ .... Jahren
wieder treffen, wird sich Folgendes bei mir verändert haben:
....
....

Mein Spruch für dich:

....
....
....
....

Ich heiße: ....

Mein Nachname zur Schulzeit war: ....

Mein Spitzname in der Schule war: ....

Geboren wurde ich am .... in ....

Meine E-Mail-Adresse: ....

Meine Telefonnummer: ....

Folgende Schulen habe ich besucht:

Schule .... von .... bis ....

Schule .... von .... bis ....

Schule .... von .... bis ....

Schule .... von .... bis ....

Meine besonderen Merkmale aus der Schulzeit waren:

❑ super pünktlich   ❑ freie Zeiteinteilung
❑ leckeres Pausenbrot ❑ oft kein Futter eingepackt
❑ Hausaufgabe dabei   ❑ Hausaufgabe – was ist das?
❑ Super-Streber   ❑ mittlerer Mitläufer
❑ auf dem neuesten Stand ❑ nix gepeilt
❑ ständig am Ratschen ❑ schweigsam und still
❑ fit wie ein Turnschuh ❑ schlapp vom Partymachen

❑ ....

❑ ....

Daran hast du mich erkannt:

Haare: ....

Kleidung: ....

Schuhe: ....

Daran erkennst du mich heute:

Haare: ....

Kleidung: ....

Schuhe: ....

Mein Lieblingssitznachbar war: ....

Neben .... wollte ich nie sitzen, weil

....

Diese Fächer mochte ich gern: ....

....

Auf diese Fächer hätte ich lieber verzichtet: ....

....

Meine zwei Lieblingslehrer waren:

.... (Fach: ....)

.... (Fach: ....)

Diese zwei Lehrer hätte ich lieber beurlauben lassen:

.... (Fach: ....)

.... (Fach: ....)

An der Schule fand ich toll, dass: ....

....

Manchmal wäre ich lieber nicht zur Schule gegangen, weil: ....

....

Ihn/Sie mochte ich besonders gern: ....

Ihn/Sie konnte ich nicht leiden: ....

Irgendwann fiel mir auf, dass ich in .... verknallt war.

Und ich bemerkte, dass .... in mich verknallt war.

Dies hatte zur Folge, dass ....

....

Diese besonderen Kurse habe ich belegt:

....

Meinen Schulabschluss habe ich ❑ glorreich   ❑ ganz gut   ❑ so la la

❑ gerade noch   ❑ immer noch nicht   gemacht.

So ging es nach der Schulzeit bei mir weiter:

Lehre zum/zur ....

❑ abgeschlossen   ❑ abgebrochen

Studium ....

❑ abgeschlossen   ❑ abgebrochen

Sonstiges: ....

Ich hatte nach der Schulzeit genug vom Sitzen und machte

❑ eine Weltreise   ❑ meine eigene Firma   ❑ Kinder

❑ die Geldbörse weit auf und pumpte mir Geld

❑ ....

Beruflich habe ich/bin ich heute

❑ Top Job   ❑ Führungskraft   ❑ Manager   ❑ Checker
❑ unterbezahlt   ❑ frustriert   ❑ wieder mal in Ausbildung

❑ ....

Partnerschaftlich bin ich

❑ Happy Single   ❑ noch zu haben   ❑ glücklich verheiratet
❑ in Trennung   ❑ erfolgreich geschieden   ❑ einsam

❑ ....

Kinder?

❑ keine eigenen   ❑ wenige   ❑ viele   ❑ geborgte

❑ noch unterwegs   ❑ Bestellung verpasst   ❑ danke nein

❑ ....

Wohnort?

❑ Großstadt   ❑ Kleinstadt   ❑ Dorf   ❑ Prärie   ❑ auf hoher See

❑ ....

Momentan wohne ich

❑ in einem Haus   ❑ in einer Wohnung   ❑ in einer WG

❑ in einem Wohnwagen   ❑ in einem Zelt/in einer Jurte

❑ ....

Ich liebe es, in meiner Freizeit ....

....

Gegen diese Speisen/Sachen bin ich allergisch: ....

....

Ich stehe total auf ....

....

Wenn ich mir ein Auto wünschen dürfte, wäre das ein ....

....

So viel Geld hätte ich gerne: ....

Wenn ich die Wahl hätte, würde ich gerne hier wohnen: ....

....

Und dort wäre ich gerne .... von Beruf.

Könnte ich die Zeit nochmal zurückdrehen, würde ich ....

....

....

Wenn wir uns in ☐ 5 ☐ 10 ☐ 15 ☐ 20 ☐ .... Jahren
wieder treffen, wird sich Folgendes bei mir verändert haben:

....

....

Mein Spruch für dich:

....

....

....

....

Ich heiße: ....

Mein Nachname zur Schulzeit war: ....

Mein Spitzname in der Schule war: ....

Geboren wurde ich am .... in ....

Meine E-Mail-Adresse: ....

Meine Telefonnummer: ....

Folgende Schulen habe ich besucht:

Schule .... von .... bis ....

Schule .... von .... bis ....

Schule .... von .... bis ....

Schule .... von .... bis ....

Meine besonderen Merkmale aus der Schulzeit waren:

❏   super pünktlich   ❏   freie Zeiteinteilung
❏   leckeres Pausenbrot   ❏   oft kein Futter eingepackt
❏   Hausaufgabe dabei   ❏   Hausaufgabe – was ist das?
❏   Super-Streber   ❏   mittlerer Mitläufer
❏   auf dem neuesten Stand   ❏   nix gepeilt
❏   ständig am Ratschen   ❏   schweigsam und still
❏   fit wie ein Turnschuh   ❏   schlapp vom Partymachen

❏   ....

❏   ....

Daran hast du mich erkannt:

Haare: ....

Kleidung: ....

Schuhe: ....

Daran erkennst du mich heute:

Haare: ....

Kleidung: ....

Schuhe: ....

Mein Lieblingssitznachbar war: ....

Neben .... wollte ich nie sitzen, weil

....

Diese Fächer mochte ich gern: ....

....

Auf diese Fächer hätte ich lieber verzichtet: ....

....

Meine zwei Lieblingslehrer waren:

.... (Fach: ....)

.... (Fach: ....)

Diese zwei Lehrer hätte ich lieber beurlauben lassen:

.... (Fach: ....)

.... (Fach: ....)

An der Schule fand ich toll, dass: ....

....

Manchmal wäre ich lieber nicht zur Schule gegangen, weil: ....

....

Ihn/Sie mochte ich besonders gern: ....

Ihn/Sie konnte ich nicht leiden: ....

Irgendwann fiel mir auf, dass ich in .... verknallt war.

Und ich bemerkte, dass .... in mich verknallt war.

Dies hatte zur Folge, dass ....

....

Diese besonderen Kurse habe ich belegt:

....

Meinen Schulabschluss habe ich ❏ glorreich ❏ ganz gut ❏ so la la

❏ gerade noch   ❏ immer noch nicht   gemacht.

63

So ging es nach der Schulzeit bei mir weiter:

Lehre zum/zur ....

❑ abgeschlossen   ❑ abgebrochen

Studium ....

❑ abgeschlossen   ❑ abgebrochen

Sonstiges: ....

Ich hatte nach der Schulzeit genug vom Sitzen und machte

❑ eine Weltreise   ❑ meine eigene Firma   ❑ Kinder

❑ die Geldbörse weit auf und pumpte mir Geld

❑ ....

Beruflich habe ich/bin ich heute

❑ Top Job   ❑ Führungskraft   ❑ Manager   ❑ Checker
❑ unterbezahlt   ❑ frustriert   ❑ wieder mal in Ausbildung

❑ ....

Partnerschaftlich bin ich

❑ Happy Single   ❑ noch zu haben   ❑ glücklich verheiratet
❑ in Trennung   ❑ erfolgreich geschieden   ❑ einsam

❑ ....

Kinder?

❑ keine eigenen   ❑ wenige   ❑ viele   ❑ geborgte

❑ noch unterwegs   ❑ Bestellung verpasst   ❑ danke nein

❑ ....

Wohnort?

❑ Großstadt   ❑ Kleinstadt   ❑ Dorf   ❑ Prärie   ❑ auf hoher See

❑ ....

Momentan wohne ich

❑ in einem Haus   ❑ in einer Wohnung   ❑ in einer WG

❑ in einem Wohnwagen   ❑ in einem Zelt/in einer Jurte

❑ ....

Ich liebe es, in meiner Freizeit ....

....

Gegen diese Speisen/Sachen bin ich allergisch: ....

....

Ich stehe total auf ....

....

Wenn ich mir ein Auto wünschen dürfte, wäre das ein ....

....

So viel Geld hätte ich gerne: ....

Wenn ich die Wahl hätte, würde ich gerne hier wohnen: ....

....

Und dort wäre ich gerne .... von Beruf.

Könnte ich die Zeit nochmal zurückdrehen, würde ich ....

....

....

Wenn wir uns in ☐ 5 ☐ 10 ☐ 15 ☐ 20 ☐ .... Jahren
wieder treffen, wird sich Folgendes bei mir verändert haben:

....

....

Mein Spruch für dich:

....

....

....

....

Ich heiße: ....

Mein Nachname zur Schulzeit war: ....

Mein Spitzname in der Schule war: ....

Geboren wurde ich am .... in ....

Meine E-Mail-Adresse: ....

Meine Telefonnummer: ....

Folgende Schulen habe ich besucht:

Schule .... von .... bis ....

Schule .... von .... bis ....

Schule .... von .... bis ....

Schule .... von .... bis ....

Meine besonderen Merkmale aus der Schulzeit waren:

❏ super pünktlich   ❏ freie Zeiteinteilung
❏ leckeres Pausenbrot   ❏ oft kein Futter eingepackt
❏ Hausaufgabe dabei   ❏ Hausaufgabe – was ist das?
❏ Super-Streber   ❏ mittlerer Mitläufer
❏ auf dem neuesten Stand   ❏ nix gepeilt
❏ ständig am Ratschen   ❏ schweigsam und still
❏ fit wie ein Turnschuh   ❏ schlapp vom Partymachen

❏ ....

❏ ....

Daran hast du mich erkannt:

Haare: ....

Kleidung: ....

Schuhe: ....

Daran erkennst du mich heute:

Haare: ....

Kleidung: ....

Schuhe: ....

Mein Lieblingssitznachbar war: ....

Neben .... wollte ich nie sitzen, weil

....

Diese Fächer mochte ich gern: ....

....

Auf diese Fächer hätte ich lieber verzichtet: ....

....

Meine zwei Lieblingslehrer waren:

.... (Fach: ....)

.... (Fach: ....)

Diese zwei Lehrer hätte ich lieber beurlauben lassen:

.... (Fach: ....)

.... (Fach: ....)

An der Schule fand ich toll, dass: ....

....

Manchmal wäre ich lieber nicht zur Schule gegangen, weil: ....

....

Ihn/Sie mochte ich besonders gern: ....

Ihn/Sie konnte ich nicht leiden: ....

Irgendwann fiel mir auf, dass ich in .... verknallt war.

Und ich bemerkte, dass .... in mich verknallt war.

Dies hatte zur Folge, dass ....

....

Diese besonderen Kurse habe ich belegt:

....

Meinen Schulabschluss habe ich ❑ glorreich ❑ ganz gut ❑ so la la

❑ gerade noch   ❑ immer noch nicht   gemacht.

67

So ging es nach der Schulzeit bei mir weiter:

Lehre zum/zur ....

❑ abgeschlossen   ❑ abgebrochen

Studium ....

❑ abgeschlossen   ❑ abgebrochen

Sonstiges: ....

Ich hatte nach der Schulzeit genug vom Sitzen und machte

❑ eine Weltreise   ❑ meine eigene Firma   ❑ Kinder

❑ die Geldbörse weit auf und pumpte mir Geld

❑ ....

Beruflich habe ich/bin ich heute

❑ Top Job   ❑ Führungskraft   ❑ Manager   ❑ Checker
❑ unterbezahlt   ❑ frustriert   ❑ wieder mal in Ausbildung

❑ ....

Partnerschaftlich bin ich

❑ Happy Single   ❑ noch zu haben   ❑ glücklich verheiratet
❑ in Trennung   ❑ erfolgreich geschieden   ❑ einsam

❑ ....

Kinder?

❑ keine eigenen   ❑ wenige   ❑ viele   ❑ geborgte
❑ noch unterwegs   ❑ Bestellung verpasst   ❑ danke nein

❑ ....

Wohnort?

❑ Großstadt   ❑ Kleinstadt   ❑ Dorf   ❑ Prärie   ❑ auf hoher See

❑ ....

Momentan wohne ich

❑ in einem Haus   ❑ in einer Wohnung   ❑ in einer WG

❑ in einem Wohnwagen   ❑ in einem Zelt/in einer Jurte

❑ ....

Ich liebe es, in meiner Freizeit ....

....

Gegen diese Speisen/Sachen bin ich allergisch: ....

....

Ich stehe total auf ....

....

Wenn ich mir ein Auto wünschen dürfte, wäre das ein ....

....

So viel Geld hätte ich gerne: ....

Wenn ich die Wahl hätte, würde ich gerne hier wohnen: ....

....

Und dort wäre ich gerne .... von Beruf.

Könnte ich die Zeit nochmal zurückdrehen, würde ich ....

....

....

Wenn wir uns in ☐ 5 ☐ 10 ☐ 15 ☐ 20 ☐ .... Jahren
wieder treffen, wird sich Folgendes bei mir verändert haben:

....

....

Mein Spruch für dich:

....

....

....

....

Ich heiße: ....

Mein Nachname zur Schulzeit war: ....

Mein Spitzname in der Schule war: ....

Geboren wurde ich am .... in ....

Meine E-Mail-Adresse: ....

Meine Telefonnummer: ....

Folgende Schulen habe ich besucht:

Schule .... von .... bis ....

Schule .... von .... bis ....

Schule .... von .... bis ....

Schule .... von .... bis ....

Meine besonderen Merkmale aus der Schulzeit waren:

❑ super pünktlich   ❑ freie Zeiteinteilung
❑ leckeres Pausenbrot   ❑ oft kein Futter eingepackt
❑ Hausaufgabe dabei   ❑ Hausaufgabe – was ist das?
❑ Super-Streber   ❑ mittlerer Mitläufer
❑ auf dem neuesten Stand   ❑ nix gepeilt
❑ ständig am Ratschen   ❑ schweigsam und still
❑ fit wie ein Turnschuh   ❑ schlapp vom Partymachen

❑ ....

❑ ....

Daran hast du mich erkannt:

Haare: ....

Kleidung: ....

Schuhe: ....

Daran erkennst du mich heute:

Haare: ....

Kleidung: ....

Schuhe: ....

Mein Lieblingssitznachbar war: ....

Neben .... wollte ich nie sitzen, weil

....

Diese Fächer mochte ich gern: ....

....

Auf diese Fächer hätte ich lieber verzichtet: ....

....

Meine zwei Lieblingslehrer waren:

.... (Fach: ....)

.... (Fach: ....)

Diese zwei Lehrer hätte ich lieber beurlauben lassen:

.... (Fach: ....)

.... (Fach: ....)

An der Schule fand ich toll, dass: ....

....

Manchmal wäre ich lieber nicht zur Schule gegangen, weil: ....

....

Ihn/Sie mochte ich besonders gern: ....

Ihn/Sie konnte ich nicht leiden: ....

Irgendwann fiel mir auf, dass ich in .... verknallt war.

Und ich bemerkte, dass .... in mich verknallt war.

Dies hatte zur Folge, dass ....

....

Diese besonderen Kurse habe ich belegt:

....

Meinen Schulabschluss habe ich ❏ glorreich ❏ ganz gut ❏ so la la

❏ gerade noch ❏ immer noch nicht gemacht.

71

So ging es nach der Schulzeit bei mir weiter:

Lehre zum/zur ....

❑ abgeschlossen ❑ abgebrochen

Studium ....

❑ abgeschlossen ❑ abgebrochen

Sonstiges: ....

Ich hatte nach der Schulzeit genug vom Sitzen und machte

❑ eine Weltreise ❑ meine eigene Firma ❑ Kinder

❑ die Geldbörse weit auf und pumpte mir Geld

❑ ....

Beruflich habe ich/bin ich heute

❑ Top Job ❑ Führungskraft ❑ Manager ❑ Checker
❑ unterbezahlt ❑ frustriert ❑ wieder mal in Ausbildung

❑ ....

Partnerschaftlich bin ich

❑ Happy Single ❑ noch zu haben ❑ glücklich verheiratet
❑ in Trennung ❑ erfolgreich geschieden ❑ einsam

❑ ....

Kinder?

❑ keine eigenen ❑ wenige ❑ viele ❑ geborgte

❑ noch unterwegs ❑ Bestellung verpasst ❑ danke nein

❑ ....

Wohnort?

❑ Großstadt ❑ Kleinstadt ❑ Dorf ❑ Prärie ❑ auf hoher See

❑ ....

Momentan wohne ich

❑ in einem Haus ❑ in einer Wohnung ❑ in einer WG

❑ in einem Wohnwagen ❑ in einem Zelt/in einer Jurte

❑ ....

Ich liebe es, in meiner Freizeit ....

....

Gegen diese Speisen/Sachen bin ich allergisch: ....

....

Ich stehe total auf ....

....

Wenn ich mir ein Auto wünschen dürfte, wäre das ein ....

....

So viel Geld hätte ich gerne: ....

Wenn ich die Wahl hätte, würde ich gerne hier wohnen: ....

....

Und dort wäre ich gerne .... von Beruf.

Könnte ich die Zeit nochmal zurückdrehen, würde ich ....

....

....

Wenn wir uns in ☐ 5   ☐ 10   ☐ 15   ☐ 20   ☐ .... Jahren
wieder treffen, wird sich Folgendes bei mir verändert haben:

....

....

Mein Spruch für dich:

....

....

....

....

73

Ich heiße: ....

Mein Nachname zur Schulzeit war: ....

Mein Spitzname in der Schule war: ....

Geboren wurde ich am .... in ....

Meine E-Mail-Adresse: ....

Meine Telefonnummer: ....

Folgende Schulen habe ich besucht:

Schule .... von .... bis ....

Schule .... von .... bis ....

Schule .... von .... bis ....

Schule .... von .... bis ....

Meine besonderen Merkmale aus der Schulzeit waren:

❑ super pünktlich ❑ freie Zeiteinteilung
❑ leckeres Pausenbrot ❑ oft kein Futter eingepackt
❑ Hausaufgabe dabei ❑ Hausaufgabe – was ist das?
❑ Super-Streber ❑ mittlerer Mitläufer
❑ auf dem neuesten Stand ❑ nix gepeilt
❑ ständig am Ratschen ❑ schweigsam und still
❑ fit wie ein Turnschuh ❑ schlapp vom Partymachen

❑ ....

❑ ....

Daran hast du mich erkannt:

Haare: ....

Kleidung: ....

Schuhe: ....

Daran erkennst du mich heute:

Haare: ....

Kleidung: ....

Schuhe: ....

Mein Lieblingssitznachbar war: ....

Neben .... wollte ich nie sitzen, weil

....

Diese Fächer mochte ich gern: ....

....

Auf diese Fächer hätte ich lieber verzichtet: ....

....

Meine zwei Lieblingslehrer waren:

.... (Fach: ....)

.... (Fach: ....)

Diese zwei Lehrer hätte ich lieber beurlauben lassen:

.... (Fach: ....)

.... (Fach: ....)

An der Schule fand ich toll, dass: ....

....

Manchmal wäre ich lieber nicht zur Schule gegangen, weil: ....

....

Ihn/Sie mochte ich besonders gern: ....

Ihn/Sie konnte ich nicht leiden: ....

Irgendwann fiel mir auf, dass ich in .... verknallt war.

Und ich bemerkte, dass .... in mich verknallt war.

Dies hatte zur Folge, dass ....

....

Diese besonderen Kurse habe ich belegt:

....

Meinen Schulabschluss habe ich ❑ glorreich ❑ ganz gut ❑ so la la

❑ gerade noch ❑ immer noch nicht gemacht.

75

So ging es nach der Schulzeit bei mir weiter:

Lehre zum/zur ....

❑ abgeschlossen ❑ abgebrochen

Studium ....

❑ abgeschlossen ❑ abgebrochen

Sonstiges: ....

Ich hatte nach der Schulzeit genug vom Sitzen und machte

❑ eine Weltreise ❑ meine eigene Firma ❑ Kinder

❑ die Geldbörse weit auf und pumpte mir Geld

❑ ....

Beruflich habe ich/bin ich heute

❑ Top Job ❑ Führungskraft ❑ Manager ❑ Checker
❑ unterbezahlt ❑ frustriert ❑ wieder mal in Ausbildung

❑ ....

Partnerschaftlich bin ich

❑ Happy Single ❑ noch zu haben ❑ glücklich verheiratet
❑ in Trennung ❑ erfolgreich geschieden ❑ einsam

❑ ....

Kinder?

❑ keine eigenen ❑ wenige ❑ viele ❑ geborgte
❑ noch unterwegs ❑ Bestellung verpasst ❑ danke nein

❑ ....

Wohnort?

❑ Großstadt ❑ Kleinstadt ❑ Dorf ❑ Prärie ❑ auf hoher See

❑ ....

Momentan wohne ich

❑ in einem Haus ❑ in einer Wohnung ❑ in einer WG

❑ in einem Wohnwagen ❑ in einem Zelt/in einer Jurte

❑ ....

Ich liebe es, in meiner Freizeit ....

....

Gegen diese Speisen/Sachen bin ich allergisch: ....

....

Ich stehe total auf ....

....

Wenn ich mir ein Auto wünschen dürfte, wäre das ein ....

....

So viel Geld hätte ich gerne: ....

Wenn ich die Wahl hätte, würde ich gerne hier wohnen: ....

....

Und dort wäre ich gerne .... von Beruf.

Könnte ich die Zeit nochmal zurückdrehen, würde ich ....

....

....

Wenn wir uns in ☐ 5   ☐ 10   ☐ 15   ☐ 20   ☐ .... Jahren
wieder treffen, wird sich Folgendes bei mir verändert haben:

....

....

Mein Spruch für dich:

....

....

....

....

Ich heiße: ....

Mein Nachname zur Schulzeit war: ....

Mein Spitzname in der Schule war: ....

Geboren wurde ich am .... in ....

Meine E-Mail-Adresse: ....

Meine Telefonnummer: ....

Folgende Schulen habe ich besucht:

Schule .... von .... bis ....

Schule .... von .... bis ....

Schule .... von .... bis ....

Schule .... von .... bis ....

Meine besonderen Merkmale aus der Schulzeit waren:

❑ super pünktlich   ❑ freie Zeiteinteilung
❑ leckeres Pausenbrot   ❑ oft kein Futter eingepackt
❑ Hausaufgabe dabei   ❑ Hausaufgabe – was ist das?
❑ Super-Streber   ❑ mittlerer Mitläufer
❑ auf dem neuesten Stand   ❑ nix gepeilt
❑ ständig am Ratschen   ❑ schweigsam und still
❑ fit wie ein Turnschuh   ❑ schlapp vom Partymachen

❑ ....

❑ ....

Daran hast du mich erkannt:

Haare: ....

Kleidung: ....

Schuhe: ....

Daran erkennst du mich heute:

Haare: ....

Kleidung: ....

Schuhe: ....

Mein Lieblingssitznachbar war: ....

Neben .... wollte ich nie sitzen, weil

....

Diese Fächer mochte ich gern: ....

....

Auf diese Fächer hätte ich lieber verzichtet: ....

....

Meine zwei Lieblingslehrer waren:

.... (Fach: ....)

.... (Fach: ....)

Diese zwei Lehrer hätte ich lieber beurlauben lassen:

.... (Fach: ....)

.... (Fach: ....)

An der Schule fand ich toll, dass: ....

....

Manchmal wäre ich lieber nicht zur Schule gegangen, weil: ....

....

Ihn/Sie mochte ich besonders gern: ....

Ihn/Sie konnte ich nicht leiden: ....

Irgendwann fiel mir auf, dass ich in .... verknallt war.

Und ich bemerkte, dass .... in mich verknallt war.

Dies hatte zur Folge, dass ....

....

Diese besonderen Kurse habe ich belegt:

....

Meinen Schulabschluss habe ich ❑ glorreich ❑ ganz gut ❑ so la la

❑ gerade noch ❑ immer noch nicht gemacht.

79

So ging es nach der Schulzeit bei mir weiter:

Lehre zum/zur ....

❑ abgeschlossen ❑ abgebrochen

Studium ....

❑ abgeschlossen ❑ abgebrochen

Sonstiges: ....

Ich hatte nach der Schulzeit genug vom Sitzen und machte

❑ eine Weltreise ❑ meine eigene Firma ❑ Kinder

❑ die Geldbörse weit auf und pumpte mir Geld

❑ ....

Beruflich habe ich/bin ich heute

❑ Top Job ❑ Führungskraft ❑ Manager ❑ Checker
❑ unterbezahlt ❑ frustriert ❑ wieder mal in Ausbildung

❑ ....

Partnerschaftlich bin ich

❑ Happy Single ❑ noch zu haben ❑ glücklich verheiratet
❑ in Trennung ❑ erfolgreich geschieden ❑ einsam

❑ ....

Kinder?

❑ keine eigenen ❑ wenige ❑ viele ❑ geborgte
❑ noch unterwegs ❑ Bestellung verpasst ❑ danke nein

❑ ....

Wohnort?

❑ Großstadt ❑ Kleinstadt ❑ Dorf ❑ Prärie ❑ auf hoher See

❑ ....

Momentan wohne ich

❑ in einem Haus ❑ in einer Wohnung ❑ in einer WG

❑ in einem Wohnwagen ❑ in einem Zelt/in einer Jurte

❑ ....

Ich liebe es, in meiner Freizeit ....
....

Gegen diese Speisen/Sachen bin ich allergisch: ....
....

Ich stehe total auf ....
....

Wenn ich mir ein Auto wünschen dürfte, wäre das ein ....
....

So viel Geld hätte ich gerne: ....

Wenn ich die Wahl hätte, würde ich gerne hier wohnen: ....
....

Und dort wäre ich gerne .... von Beruf.

Könnte ich die Zeit nochmal zurückdrehen, würde ich ....
....
....

Wenn wir uns in ❑ 5   ❑ 10   ❑ 15   ❑ 20   ❑ .... Jahren
wieder treffen, wird sich Folgendes bei mir verändert haben:
....
....

Mein Spruch für dich:
....
....
....
....

Ich heiße: ....

Mein Nachname zur Schulzeit war: ....

Mein Spitzname in der Schule war: ....

Geboren wurde ich am .... in ....

Meine E-Mail-Adresse: ....

Meine Telefonnummer: ....

Folgende Schulen habe ich besucht:

Schule .... von .... bis ....

Schule .... von .... bis ....

Schule .... von .... bis ....

Schule .... von .... bis ....

Meine besonderen Merkmale aus der Schulzeit waren:

❑ super pünktlich   ❑ freie Zeiteinteilung
❑ leckeres Pausenbrot   ❑ oft kein Futter eingepackt
❑ Hausaufgabe dabei   ❑ Hausaufgabe – was ist das?
❑ Super-Streber   ❑ mittlerer Mitläufer
❑ auf dem neuesten Stand   ❑ nix gepeilt
❑ ständig am Ratschen   ❑ schweigsam und still
❑ fit wie ein Turnschuh   ❑ schlapp vom Partymachen

❑ ....

❑ ....

Daran hast du mich erkannt:

Haare: ....

Kleidung: ....

Schuhe: ....

Daran erkennst du mich heute:

Haare: ....

Kleidung: ....

Schuhe: ....

Mein Lieblingssitznachbar war: ....

Neben .... wollte ich nie sitzen, weil

....

Diese Fächer mochte ich gern: ....

....

Auf diese Fächer hätte ich lieber verzichtet: ....

....

Meine zwei Lieblingslehrer waren:

.... (Fach: ....)

.... (Fach: ....)

Diese zwei Lehrer hätte ich lieber beurlauben lassen:

.... (Fach: ....)

.... (Fach: ....)

An der Schule fand ich toll, dass: ....

....

Manchmal wäre ich lieber nicht zur Schule gegangen, weil: ....

....

Ihn/Sie mochte ich besonders gern: ....

Ihn/Sie konnte ich nicht leiden: ....

Irgendwann fiel mir auf, dass ich in .... verknallt war.

Und ich bemerkte, dass .... in mich verknallt war.

Dies hatte zur Folge, dass ....

....

Diese besonderen Kurse habe ich belegt:

....

Meinen Schulabschluss habe ich ❑ glorreich ❑ ganz gut ❑ so la la

❑ gerade noch   ❑ immer noch nicht   gemacht.

So ging es nach der Schulzeit bei mir weiter:

Lehre zum/zur ....

❑ abgeschlossen   ❑ abgebrochen

Studium ....

❑ abgeschlossen   ❑ abgebrochen

Sonstiges: ....

Ich hatte nach der Schulzeit genug vom Sitzen und machte

❑ eine Weltreise   ❑ meine eigene Firma   ❑ Kinder

❑ die Geldbörse weit auf und pumpte mir Geld

❑ ....

Beruflich habe ich/bin ich heute

❑ Top Job   ❑ Führungskraft   ❑ Manager   ❑ Checker
❑ unterbezahlt   ❑ frustriert   ❑ wieder mal in Ausbildung

❑ ....

Partnerschaftlich bin ich

❑ Happy Single   ❑ noch zu haben   ❑ glücklich verheiratet
❑ in Trennung   ❑ erfolgreich geschieden   ❑ einsam

❑ ....

Kinder?

❑ keine eigenen   ❑ wenige   ❑ viele   ❑ geborgte
❑ noch unterwegs   ❑ Bestellung verpasst   ❑ danke nein

❑ ....

Wohnort?

❑ Großstadt   ❑ Kleinstadt   ❑ Dorf   ❑ Prärie   ❑ auf hoher See

❑ ....

Momentan wohne ich

❑ in einem Haus   ❑ in einer Wohnung   ❑ in einer WG

❑ in einem Wohnwagen   ❑ in einem Zelt/in einer Jurte

❑ ....

Ich liebe es, in meiner Freizeit ....
....

Gegen diese Speisen/Sachen bin ich allergisch: ....
....

Ich stehe total auf ....
....

Wenn ich mir ein Auto wünschen dürfte, wäre das ein ....
....

So viel Geld hätte ich gerne: ....

Wenn ich die Wahl hätte, würde ich gerne hier wohnen: ....
....

Und dort wäre ich gerne .... von Beruf.

Könnte ich die Zeit nochmal zurückdrehen, würde ich ....
....
....

Wenn wir uns in ☐ 5   ☐ 10   ☐ 15   ☐ 20   ☐ .... Jahren
wieder treffen, wird sich Folgendes bei mir verändert haben:
....
....

Mein Spruch für dich:

....
....
....
....

85

Ich heiße: ....

Mein Nachname zur Schulzeit war: ....

Mein Spitzname in der Schule war: ....

Geboren wurde ich am .... in ....

Meine E-Mail-Adresse: ....

Meine Telefonnummer: ....

Folgende Schulen habe ich besucht:

Schule .... von .... bis ....

Schule .... von .... bis ....

Schule .... von .... bis ....

Schule .... von .... bis ....

Meine besonderen Merkmale aus der Schulzeit waren:

❏ super pünktlich   ❏ freie Zeiteinteilung
❏ leckeres Pausenbrot   ❏ oft kein Futter eingepackt
❏ Hausaufgabe dabei   ❏ Hausaufgabe – was ist das?
❏ Super-Streber   ❏ mittlerer Mitläufer
❏ auf dem neuesten Stand   ❏ nix gepeilt
❏ ständig am Ratschen   ❏ schweigsam und still
❏ fit wie ein Turnschuh   ❏ schlapp vom Partymachen

❏ ....

❏ ....

Daran hast du mich erkannt:

Haare: ....

Kleidung: ....

Schuhe: ....

Daran erkennst du mich heute:

Haare: ....

Kleidung: ....

Schuhe: ....

Mein Lieblingssitznachbar war: ....

Neben .... wollte ich nie sitzen, weil

....

Diese Fächer mochte ich gern: ....

....

Auf diese Fächer hätte ich lieber verzichtet: ....

....

Meine zwei Lieblingslehrer waren:

.... (Fach: ....)

.... (Fach: ....)

Diese zwei Lehrer hätte ich lieber beurlauben lassen:

.... (Fach: ....)

.... (Fach: ....)

An der Schule fand ich toll, dass: ....

....

Manchmal wäre ich lieber nicht zur Schule gegangen, weil: ....

....

Ihn/Sie mochte ich besonders gern: ....

Ihn/Sie konnte ich nicht leiden: ....

Irgendwann fiel mir auf, dass ich in .... verknallt war.

Und ich bemerkte, dass .... in mich verknallt war.

Dies hatte zur Folge, dass ....

....

Diese besonderen Kurse habe ich belegt:

....

Meinen Schulabschluss habe ich ❑ glorreich ❑ ganz gut ❑ so la la

❑ gerade noch   ❑ immer noch nicht   gemacht.

So ging es nach der Schulzeit bei mir weiter:

Lehre zum/zur ....

❑ abgeschlossen ❑ abgebrochen

Studium ....

❑ abgeschlossen ❑ abgebrochen

Sonstiges: ....

Ich hatte nach der Schulzeit genug vom Sitzen und machte

❑ eine Weltreise ❑ meine eigene Firma ❑ Kinder

❑ die Geldbörse weit auf und pumpte mir Geld

❑ ....

Beruflich habe ich/bin ich heute

❑ Top Job ❑ Führungskraft ❑ Manager ❑ Checker
❑ unterbezahlt ❑ frustriert ❑ wieder mal in Ausbildung

❑ ....

Partnerschaftlich bin ich

❑ Happy Single ❑ noch zu haben ❑ glücklich verheiratet
❑ in Trennung ❑ erfolgreich geschieden ❑ einsam

❑ ....

Kinder?

❑ keine eigenen ❑ wenige ❑ viele ❑ geborgte

❑ noch unterwegs ❑ Bestellung verpasst ❑ danke nein

❑ ....

Wohnort?

❑ Großstadt ❑ Kleinstadt ❑ Dorf ❑ Prärie ❑ auf hoher See

❑ ....

Momentan wohne ich

❑ in einem Haus ❑ in einer Wohnung ❑ in einer WG

❑ in einem Wohnwagen ❑ in einem Zelt/in einer Jurte

❑ ....

Ich liebe es, in meiner Freizeit ....

....

Gegen diese Speisen/Sachen bin ich allergisch: ....

....

Ich stehe total auf ....

....

Wenn ich mir ein Auto wünschen dürfte, wäre das ein ....

....

So viel Geld hätte ich gerne: ....

Wenn ich die Wahl hätte, würde ich gerne hier wohnen: ....

....

Und dort wäre ich gerne .... von Beruf.

Könnte ich die Zeit nochmal zurückdrehen, würde ich ....

....

....

Wenn wir uns in ☐ 5 ☐ 10 ☐ 15 ☐ 20 ☐ .... Jahren
wieder treffen, wird sich Folgendes bei mir verändert haben:

....

....

Mein Spruch für dich:

....

....

....

....

Ich heiße: ....

Mein Nachname zur Schulzeit war: ....

Mein Spitzname in der Schule war: ....

Geboren wurde ich am .... in ....

Meine E-Mail-Adresse: ....

Meine Telefonnummer: ....

Folgende Schulen habe ich besucht:

Schule .... von .... bis ....

Schule .... von .... bis ....

Schule .... von .... bis ....

Schule .... von .... bis ....

Meine besonderen Merkmale aus der Schulzeit waren:

- ❏ super pünktlich
- ❏ leckeres Pausenbrot
- ❏ Hausaufgabe dabei
- ❏ Super-Streber
- ❏ auf dem neuesten Stand
- ❏ ständig am Ratschen
- ❏ fit wie ein Turnschuh

- ❏ freie Zeiteinteilung
- ❏ oft kein Futter eingepackt
- ❏ Hausaufgabe – was ist das?
- ❏ mittlerer Mitläufer
- ❏ nix gepeilt
- ❏ schweigsam und still
- ❏ schlapp vom Partymachen

- ❏ ....
- ❏ ....

Daran hast du mich erkannt:

Haare: ....

Kleidung: ....

Schuhe: ....

Daran erkennst du mich heute:

Haare: ....

Kleidung: ....

Schuhe: ....

Mein Lieblingssitznachbar war: ....

Neben .... wollte ich nie sitzen, weil

....

Diese Fächer mochte ich gern: ....

....

Auf diese Fächer hätte ich lieber verzichtet: ....

....

Meine zwei Lieblingslehrer waren:

.... (Fach: ....)

.... (Fach: ....)

Diese zwei Lehrer hätte ich lieber beurlauben lassen:

.... (Fach: ....)

.... (Fach: ....)

An der Schule fand ich toll, dass: ....

....

Manchmal wäre ich lieber nicht zur Schule gegangen, weil: ....

....

Ihn/Sie mochte ich besonders gern: ....

Ihn/Sie konnte ich nicht leiden: ....

Irgendwann fiel mir auf, dass ich in .... verknallt war.

Und ich bemerkte, dass .... in mich verknallt war.

Dies hatte zur Folge, dass ....

....

Diese besonderen Kurse habe ich belegt:

....

Meinen Schulabschluss habe ich ❑ glorreich ❑ ganz gut ❑ so la la

❑ gerade noch   ❑ immer noch nicht   gemacht.

So ging es nach der Schulzeit bei mir weiter:

Lehre zum/zur ....

❑ abgeschlossen   ❑ abgebrochen

Studium ....

❑ abgeschlossen   ❑ abgebrochen

Sonstiges: ....

Ich hatte nach der Schulzeit genug vom Sitzen und machte

❑ eine Weltreise   ❑ meine eigene Firma   ❑ Kinder

❑ die Geldbörse weit auf und pumpte mir Geld

❑ ....

Beruflich habe ich/bin ich heute

❑ Top Job   ❑ Führungskraft   ❑ Manager   ❑ Checker
❑ unterbezahlt   ❑ frustriert   ❑ wieder mal in Ausbildung

❑ ....

Partnerschaftlich bin ich

❑ Happy Single   ❑ noch zu haben   ❑ glücklich verheiratet
❑ in Trennung   ❑ erfolgreich geschieden   ❑ einsam

❑ ....

Kinder?

❑ keine eigenen   ❑ wenige   ❑ viele   ❑ geborgte
❑ noch unterwegs   ❑ Bestellung verpasst   ❑ danke nein

❑ ....

Wohnort?

❑ Großstadt   ❑ Kleinstadt   ❑ Dorf   ❑ Prärie   ❑ auf hoher See

❑ ....

Momentan wohne ich

❑ in einem Haus   ❑ in einer Wohnung   ❑ in einer WG
❑ in einem Wohnwagen   ❑ in einem Zelt/in einer Jurte

❑ ....

Ich liebe es, in meiner Freizeit ....

....

Gegen diese Speisen/Sachen bin ich allergisch: ....

....

Ich stehe total auf ....

....

Wenn ich mir ein Auto wünschen dürfte, wäre das ein ....

....

So viel Geld hätte ich gerne: ....

Wenn ich die Wahl hätte, würde ich gerne hier wohnen: ....

....

Und dort wäre ich gerne .... von Beruf.

Könnte ich die Zeit nochmal zurückdrehen, würde ich ....

....

....

Wenn wir uns in ☐ 5   ☐ 10   ☐ 15   ☐ 20   ☐ .... Jahren
wieder treffen, wird sich Folgendes bei mir verändert haben:

....

....

Mein Spruch für dich:

....

....

....

....

Ich heiße: ....

Mein Nachname zur Schulzeit war: ....

Mein Spitzname in der Schule war: ....

Geboren wurde ich am .... in ....

Meine E-Mail-Adresse: ....

Meine Telefonnummer: ....

Folgende Schulen habe ich besucht:

Schule .... von .... bis ....

Schule .... von .... bis ....

Schule .... von .... bis ....

Schule .... von .... bis ....

Meine besonderen Merkmale aus der Schulzeit waren:

❑ super pünktlich ❑ freie Zeiteinteilung
❑ leckeres Pausenbrot ❑ oft kein Futter eingepackt
❑ Hausaufgabe dabei ❑ Hausaufgabe – was ist das?
❑ Super-Streber ❑ mittlerer Mitläufer
❑ auf dem neuesten Stand ❑ nix gepeilt
❑ ständig am Ratschen ❑ schweigsam und still
❑ fit wie ein Turnschuh ❑ schlapp vom Partymachen

❑ ....

❑ ....

Daran hast du mich erkannt:

Haare: ....

Kleidung: ....

Schuhe: ....

Daran erkennst du mich heute:

Haare: ....

Kleidung: ....

Schuhe: ....

Mein Lieblingssitznachbar war: ....

Neben .... wollte ich nie sitzen, weil

....

Diese Fächer mochte ich gern: ....

....

Auf diese Fächer hätte ich lieber verzichtet: ....

....

Meine zwei Lieblingslehrer waren:

.... (Fach: ....)

.... (Fach: ....)

Diese zwei Lehrer hätte ich lieber beurlauben lassen:

.... (Fach: ....)

.... (Fach: ....)

An der Schule fand ich toll, dass: ....

....

Manchmal wäre ich lieber nicht zur Schule gegangen, weil: ....

....

Ihn/Sie mochte ich besonders gern: ....

Ihn/Sie konnte ich nicht leiden: ....

Irgendwann fiel mir auf, dass ich in .... verknallt war.

Und ich bemerkte, dass .... in mich verknallt war.

Dies hatte zur Folge, dass ....

....

Diese besonderen Kurse habe ich belegt:

....

Meinen Schulabschluss habe ich ❑ glorreich ❑ ganz gut ❑ so la la

❑ gerade noch   ❑ immer noch nicht   gemacht.

So ging es nach der Schulzeit bei mir weiter:

Lehre zum/zur ....

❑ abgeschlossen   ❑ abgebrochen

Studium ....

❑ abgeschlossen   ❑ abgebrochen

Sonstiges: ....

Ich hatte nach der Schulzeit genug vom Sitzen und machte

❑ eine Weltreise   ❑ meine eigene Firma   ❑ Kinder

❑ die Geldbörse weit auf und pumpte mir Geld

❑ ....

Beruflich habe ich/bin ich heute

❑ Top Job   ❑ Führungskraft   ❑ Manager   ❑ Checker
❑ unterbezahlt   ❑ frustriert   ❑ wieder mal in Ausbildung

❑ ....

Partnerschaftlich bin ich

❑ Happy Single   ❑ noch zu haben   ❑ glücklich verheiratet
❑ in Trennung   ❑ erfolgreich geschieden   ❑ einsam

❑ ....

Kinder?

❑ keine eigenen   ❑ wenige   ❑ viele   ❑ geborgte
❑ noch unterwegs   ❑ Bestellung verpasst   ❑ danke nein

❑ ....

Wohnort?

❑ Großstadt ❑ Kleinstadt ❑ Dorf ❑ Prärie ❑ auf hoher See

❑ ....

Momentan wohne ich

❑ in einem Haus   ❑ in einer Wohnung   ❑ in einer WG
❑ in einem Wohnwagen   ❑ in einem Zelt/in einer Jurte

❑ ....

Ich liebe es, in meiner Freizeit ....

....

Gegen diese Speisen/Sachen bin ich allergisch: ....

....

Ich stehe total auf ....

....

Wenn ich mir ein Auto wünschen dürfte, wäre das ein ....

....

So viel Geld hätte ich gerne: ....

Wenn ich die Wahl hätte, würde ich gerne hier wohnen: ....

....

Und dort wäre ich gerne .... von Beruf.

Könnte ich die Zeit nochmal zurückdrehen, würde ich ....

....

....

Wenn wir uns in ☐ 5 ☐ 10 ☐ 15 ☐ 20 ☐ .... Jahren
wieder treffen, wird sich Folgendes bei mir verändert haben:
....

....

Mein Spruch für dich:

....

....

....

....

Ich heiße: ....

Mein Nachname zur Schulzeit war: ....

Mein Spitzname in der Schule war: ....

Geboren wurde ich am .... in ....

Meine E-Mail-Adresse: ....

Meine Telefonnummer: ....

Folgende Schulen habe ich besucht:

Schule .... von .... bis ....

Schule .... von .... bis ....

Schule .... von .... bis ....

Schule .... von .... bis ....

Meine besonderen Merkmale aus der Schulzeit waren:

❑	super pünktlich	❑	freie Zeiteinteilung
❑	leckeres Pausenbrot	❑	oft kein Futter eingepackt
❑	Hausaufgabe dabei	❑	Hausaufgabe – was ist das?
❑	Super-Streber	❑	mittlerer Mitläufer
❑	auf dem neuesten Stand	❑	nix gepeilt
❑	ständig am Ratschen	❑	schweigsam und still
❑	fit wie ein Turnschuh	❑	schlapp vom Partymachen

❑ ....

❑ ....

Daran hast du mich erkannt:

Haare: ....

Kleidung: ....

Schuhe: ....

Daran erkennst du mich heute:

Haare: ....

Kleidung: ....

Schuhe: ....

Mein Lieblingssitznachbar war: ....

Neben .... wollte ich nie sitzen, weil

....

Diese Fächer mochte ich gern: ....

....

Auf diese Fächer hätte ich lieber verzichtet: ....

....

Meine zwei Lieblingslehrer waren:

.... (Fach: ....)

.... (Fach: ....)

Diese zwei Lehrer hätte ich lieber beurlauben lassen:

.... (Fach: ....)

.... (Fach: ....)

An der Schule fand ich toll, dass: ....

....

Manchmal wäre ich lieber nicht zur Schule gegangen, weil: ....

....

Ihn/Sie mochte ich besonders gern: ....

Ihn/Sie konnte ich nicht leiden: ....

Irgendwann fiel mir auf, dass ich in .... verknallt war.

Und ich bemerkte, dass .... in mich verknallt war.

Dies hatte zur Folge, dass ....

....

Diese besonderen Kurse habe ich belegt:

....

Meinen Schulabschluss habe ich ❑ glorreich ❑ ganz gut ❑ so la la

❑ gerade noch ❑ immer noch nicht gemacht.

99

So ging es nach der Schulzeit bei mir weiter:

Lehre zum/zur ....

❑ abgeschlossen ❑ abgebrochen

Studium ....

❑ abgeschlossen ❑ abgebrochen

Sonstiges: ....

Ich hatte nach der Schulzeit genug vom Sitzen und machte

❑ eine Weltreise ❑ meine eigene Firma ❑ Kinder

❑ die Geldbörse weit auf und pumpte mir Geld

❑ ....

Beruflich habe ich/bin ich heute

❑ Top Job ❑ Führungskraft ❑ Manager ❑ Checker
❑ unterbezahlt ❑ frustriert ❑ wieder mal in Ausbildung

❑ ....

Partnerschaftlich bin ich

❑ Happy Single ❑ noch zu haben ❑ glücklich verheiratet
❑ in Trennung ❑ erfolgreich geschieden ❑ einsam

❑ ....

Kinder?

❑ keine eigenen ❑ wenige ❑ viele ❑ geborgte
❑ noch unterwegs ❑ Bestellung verpasst ❑ danke nein

❑ ....

Wohnort?

❑ Großstadt ❑ Kleinstadt ❑ Dorf ❑ Prärie ❑ auf hoher See

❑ ....

Momentan wohne ich

❑ in einem Haus ❑ in einer Wohnung ❑ in einer WG
❑ in einem Wohnwagen ❑ in einem Zelt/in einer Jurte

❑ ....

Ich liebe es, in meiner Freizeit ....

....

Gegen diese Speisen/Sachen bin ich allergisch: ....

....

Ich stehe total auf ....

....

Wenn ich mir ein Auto wünschen dürfte, wäre das ein ....

....

So viel Geld hätte ich gerne: ....

Wenn ich die Wahl hätte, würde ich gerne hier wohnen: ....

....

Und dort wäre ich gerne .... von Beruf.

Könnte ich die Zeit nochmal zurückdrehen, würde ich ....

....

....

Wenn wir uns in ❑ 5 ❑ 10 ❑ 15 ❑ 20 ❑ .... Jahren
wieder treffen, wird sich Folgendes bei mir verändert haben:

....

....

Mein Spruch für dich:

....

....

....

....

Ich heiße: ....

Mein Nachname zur Schulzeit war: ....

Mein Spitzname in der Schule war: ....

Geboren wurde ich am .... in ....

Meine E-Mail-Adresse: ....

Meine Telefonnummer: ....

Folgende Schulen habe ich besucht:

Schule .... von .... bis ....

Schule .... von .... bis ....

Schule .... von .... bis ....

Schule .... von .... bis ....

Meine besonderen Merkmale aus der Schulzeit waren:

❑ super pünktlich   ❑ freie Zeiteinteilung
❑ leckeres Pausenbrot   ❑ oft kein Futter eingepackt
❑ Hausaufgabe dabei   ❑ Hausaufgabe – was ist das?
❑ Super-Streber   ❑ mittlerer Mitläufer
❑ auf dem neuesten Stand   ❑ nix gepeilt
❑ ständig am Ratschen   ❑ schweigsam und still
❑ fit wie ein Turnschuh   ❑ schlapp vom Partymachen

❑ ....

❑ ....

Daran hast du mich erkannt:

Haare: ....

Kleidung: ....

Schuhe: ....

Daran erkennst du mich heute:

Haare: ....

Kleidung: ....

Schuhe: ....

Mein Lieblingssitznachbar war: ....

Neben .... wollte ich nie sitzen, weil

....

Diese Fächer mochte ich gern: ....

....

Auf diese Fächer hätte ich lieber verzichtet: ....

....

Meine zwei Lieblingslehrer waren:

.... (Fach: ....)

.... (Fach: ....)

Diese zwei Lehrer hätte ich lieber beurlauben lassen:

.... (Fach: ....)

.... (Fach: ....)

An der Schule fand ich toll, dass: ....

....

Manchmal wäre ich lieber nicht zur Schule gegangen, weil: ....

....

Ihn/Sie mochte ich besonders gern: ....

Ihn/Sie konnte ich nicht leiden: ....

Irgendwann fiel mir auf, dass ich in .... verknallt war.

Und ich bemerkte, dass .... in mich verknallt war.

Dies hatte zur Folge, dass ....

....

Diese besonderen Kurse habe ich belegt:

....

Meinen Schulabschluss habe ich ❑ glorreich ❑ ganz gut ❑ so la la

❑ gerade noch ❑ immer noch nicht gemacht.

So ging es nach der Schulzeit bei mir weiter:

Lehre zum/zur ....

❑ abgeschlossen   ❑ abgebrochen

Studium ....

❑ abgeschlossen   ❑ abgebrochen

Sonstiges: ....

Ich hatte nach der Schulzeit genug vom Sitzen und machte

❑ eine Weltreise   ❑ meine eigene Firma   ❑ Kinder

❑ die Geldbörse weit auf und pumpte mir Geld

❑ ....

Beruflich habe ich/bin ich heute

❑ Top Job   ❑ Führungskraft   ❑ Manager   ❑ Checker
❑ unterbezahlt   ❑ frustriert   ❑ wieder mal in Ausbildung

❑ ....

Partnerschaftlich bin ich

❑ Happy Single   ❑ noch zu haben   ❑ glücklich verheiratet
❑ in Trennung   ❑ erfolgreich geschieden   ❑ einsam

❑ ....

Kinder?

❑ keine eigenen   ❑ wenige   ❑ viele   ❑ geborgte

❑ noch unterwegs   ❑ Bestellung verpasst   ❑ danke nein

❑ ....

Wohnort?

❑ Großstadt   ❑ Kleinstadt   ❑ Dorf   ❑ Prärie   ❑ auf hoher See

❑ ....

Momentan wohne ich

❑ in einem Haus   ❑ in einer Wohnung   ❑ in einer WG

❑ in einem Wohnwagen   ❑ in einem Zelt/in einer Jurte

❑ ....

Ich liebe es, in meiner Freizeit ....

....

Gegen diese Speisen/Sachen bin ich allergisch: ....

....

Ich stehe total auf ....

....

Wenn ich mir ein Auto wünschen dürfte, wäre das ein ....

....

So viel Geld hätte ich gerne: ....

Wenn ich die Wahl hätte, würde ich gerne hier wohnen: ....

....

Und dort wäre ich gerne .... von Beruf.

Könnte ich die Zeit nochmal zurückdrehen, würde ich ....

....

....

Wenn wir uns in ☐ 5 ☐ 10 ☐ 15 ☐ 20 ☐ .... Jahren
wieder treffen, wird sich Folgendes bei mir verändert haben:

....

....

Mein Spruch für dich:

....

....

....

....

Ich heiße: ....

Mein Nachname zur Schulzeit war: ....

Mein Spitzname in der Schule war: ....

Geboren wurde ich am .... in ....

Meine E-Mail-Adresse: ....

Meine Telefonnummer: ....

Folgende Schulen habe ich besucht:

Schule .... von .... bis ....

Schule .... von .... bis ....

Schule .... von .... bis ....

Schule .... von .... bis ....

Meine besonderen Merkmale aus der Schulzeit waren:

❑	super pünktlich	❑	freie Zeiteinteilung
❑	leckeres Pausenbrot	❑	oft kein Futter eingepackt
❑	Hausaufgabe dabei	❑	Hausaufgabe – was ist das?
❑	Super-Streber	❑	mittlerer Mitläufer
❑	auf dem neuesten Stand	❑	nix gepeilt
❑	ständig am Ratschen	❑	schweigsam und still
❑	fit wie ein Turnschuh	❑	schlapp vom Partymachen

❑ ....

❑ ....

Daran hast du mich erkannt:

Haare: ....

Kleidung: ....

Schuhe: ....

Daran erkennst du mich heute:

Haare: ....

Kleidung: ....

Schuhe: ....

Mein Lieblingssitznachbar war: ....

Neben .... wollte ich nie sitzen, weil

....

Diese Fächer mochte ich gern: ....

....

Auf diese Fächer hätte ich lieber verzichtet: ....

....

Meine zwei Lieblingslehrer waren:

.... (Fach: ....)

.... (Fach: ....)

Diese zwei Lehrer hätte ich lieber beurlauben lassen:

.... (Fach: ....)

.... (Fach: ....)

An der Schule fand ich toll, dass: ....

....

Manchmal wäre ich lieber nicht zur Schule gegangen, weil: ....

....

Ihn/Sie mochte ich besonders gern: ....

Ihn/Sie konnte ich nicht leiden: ....

Irgendwann fiel mir auf, dass ich in .... verknallt war.

Und ich bemerkte, dass .... in mich verknallt war.

Dies hatte zur Folge, dass ....

....

Diese besonderen Kurse habe ich belegt:

....

Meinen Schulabschluss habe ich ❑ glorreich ❑ ganz gut ❑ so la la

❑ gerade noch   ❑ immer noch nicht   gemacht.

So ging es nach der Schulzeit bei mir weiter:

Lehre zum/zur ....

❑ abgeschlossen   ❑ abgebrochen

Studium ....

❑ abgeschlossen   ❑ abgebrochen

Sonstiges: ....

Ich hatte nach der Schulzeit genug vom Sitzen und machte

❑ eine Weltreise   ❑ meine eigene Firma   ❑ Kinder

❑ die Geldbörse weit auf und pumpte mir Geld

❑ ....

Beruflich habe ich/bin ich heute

❑ Top Job   ❑ Führungskraft   ❑ Manager   ❑ Checker
❑ unterbezahlt   ❑ frustriert   ❑ wieder mal in Ausbildung

❑ ....

Partnerschaftlich bin ich

❑ Happy Single   ❑ noch zu haben   ❑ glücklich verheiratet
❑ in Trennung   ❑ erfolgreich geschieden   ❑ einsam

❑ ....

Kinder?

❑ keine eigenen   ❑ wenige   ❑ viele   ❑ geborgte
❑ noch unterwegs   ❑ Bestellung verpasst   ❑ danke nein

❑ ....

Wohnort?

❑ Großstadt   ❑ Kleinstadt   ❑ Dorf   ❑ Prärie   ❑ auf hoher See

❑ ....

Momentan wohne ich

❑ in einem Haus   ❑ in einer Wohnung   ❑ in einer WG
❑ in einem Wohnwagen   ❑ in einem Zelt/in einer Jurte

❑ ....

Ich liebe es, in meiner Freizeit ....

....

Gegen diese Speisen/Sachen bin ich allergisch: ....

....

Ich stehe total auf ....

....

Wenn ich mir ein Auto wünschen dürfte, wäre das ein ....

....

So viel Geld hätte ich gerne: ....

Wenn ich die Wahl hätte, würde ich gerne hier wohnen: ....

....

Und dort wäre ich gerne .... von Beruf.

Könnte ich die Zeit nochmal zurückdrehen, würde ich ....

....

....

Wenn wir uns in ☐ 5 ☐ 10 ☐ 15 ☐ 20 ☐ .... Jahren
wieder treffen, wird sich Folgendes bei mir verändert haben:

....

....

Mein Spruch für dich:

....

....

....

....

Ich heiße: ....

Mein Nachname zur Schulzeit war: ....

Mein Spitzname in der Schule war: ....

Geboren wurde ich am .... in ....

Meine E-Mail-Adresse: ....

Meine Telefonnummer: ....

Folgende Schulen habe ich besucht:

Schule .... von .... bis ....

Schule .... von .... bis ....

Schule .... von .... bis ....

Schule .... von .... bis ....

Meine besonderen Merkmale aus der Schulzeit waren:

❏ super pünktlich ❏ freie Zeiteinteilung
❏ leckeres Pausenbrot ❏ oft kein Futter eingepackt
❏ Hausaufgabe dabei ❏ Hausaufgabe – was ist das?
❏ Super-Streber ❏ mittlerer Mitläufer
❏ auf dem neuesten Stand ❏ nix gepeilt
❏ ständig am Ratschen ❏ schweigsam und still
❏ fit wie ein Turnschuh ❏ schlapp vom Partymachen

❏ ....

❏ ....

Daran hast du mich erkannt:

Haare: ....

Kleidung: ....

Schuhe: ....

Daran erkennst du mich heute:

Haare: ....

Kleidung: ....

Schuhe: ....

Mein Lieblingssitznachbar war: ....

Neben .... wollte ich nie sitzen, weil

....

Diese Fächer mochte ich gern: ....

....

Auf diese Fächer hätte ich lieber verzichtet: ....

....

Meine zwei Lieblingslehrer waren:

.... (Fach: ....)

.... (Fach: ....)

Diese zwei Lehrer hätte ich lieber beurlauben lassen:

.... (Fach: ....)

.... (Fach: ....)

An der Schule fand ich toll, dass: ....

....

Manchmal wäre ich lieber nicht zur Schule gegangen, weil: ....

....

Ihn/Sie mochte ich besonders gern: ....

Ihn/Sie konnte ich nicht leiden: ....

Irgendwann fiel mir auf, dass ich in .... verknallt war.

Und ich bemerkte, dass .... in mich verknallt war.

Dies hatte zur Folge, dass ....

....

Diese besonderen Kurse habe ich belegt:

....

Meinen Schulabschluss habe ich ❑ glorreich ❑ ganz gut ❑ so la la

❑ gerade noch   ❑ immer noch nicht   gemacht.

So ging es nach der Schulzeit bei mir weiter:

Lehre zum/zur ....

❑ abgeschlossen ❑ abgebrochen

Studium ....

❑ abgeschlossen ❑ abgebrochen

Sonstiges: ....

Ich hatte nach der Schulzeit genug vom Sitzen und machte

❑ eine Weltreise ❑ meine eigene Firma ❑ Kinder

❑ die Geldbörse weit auf und pumpte mir Geld

❑ ....

Beruflich habe ich/bin ich heute

❑ Top Job ❑ Führungskraft ❑ Manager ❑ Checker
❑ unterbezahlt ❑ frustriert ❑ wieder mal in Ausbildung

❑ ....

Partnerschaftlich bin ich

❑ Happy Single ❑ noch zu haben ❑ glücklich verheiratet
❑ in Trennung ❑ erfolgreich geschieden ❑ einsam

❑ ....

Kinder?

❑ keine eigenen ❑ wenige ❑ viele ❑ geborgte
❑ noch unterwegs ❑ Bestellung verpasst ❑ danke nein

❑ ....

Wohnort?

❑ Großstadt ❑ Kleinstadt ❑ Dorf ❑ Prärie ❑ auf hoher See

❑ ....

Momentan wohne ich

❑ in einem Haus ❑ in einer Wohnung ❑ in einer WG
❑ in einem Wohnwagen ❑ in einem Zelt/in einer Jurte

❑ ....

Ich liebe es, in meiner Freizeit ....

....

Gegen diese Speisen/Sachen bin ich allergisch: ....

....

Ich stehe total auf ....

....

Wenn ich mir ein Auto wünschen dürfte, wäre das ein ....

....

So viel Geld hätte ich gerne: ....

Wenn ich die Wahl hätte, würde ich gerne hier wohnen: ....

....

Und dort wäre ich gerne .... von Beruf.

Könnte ich die Zeit nochmal zurückdrehen, würde ich ....

....

....

Wenn wir uns in ☐ 5   ☐ 10   ☐ 15   ☐ 20   ☐ .... Jahren
wieder treffen, wird sich Folgendes bei mir verändert haben:

....

....

Mein Spruch für dich:

....

....

....

....

Ich heiße: ....

Mein Nachname zur Schulzeit war: ....

Mein Spitzname in der Schule war: ....

Geboren wurde ich am .... in ....

Meine E-Mail-Adresse: ....

Meine Telefonnummer: ....

Folgende Schulen habe ich besucht:

Schule .... von .... bis ....

Schule .... von .... bis ....

Schule .... von .... bis ....

Schule .... von .... bis ....

Meine besonderen Merkmale aus der Schulzeit waren:

❑	super pünktlich	❑	freie Zeiteinteilung
❑	leckeres Pausenbrot	❑	oft kein Futter eingepackt
❑	Hausaufgabe dabei	❑	Hausaufgabe – was ist das?
❑	Super-Streber	❑	mittlerer Mitläufer
❑	auf dem neuesten Stand	❑	nix gepeilt
❑	ständig am Ratschen	❑	schweigsam und still
❑	fit wie ein Turnschuh	❑	schlapp vom Partymachen

❑ ....

❑ ....

Daran hast du mich erkannt:

Haare: ....

Kleidung: ....

Schuhe: ....

Daran erkennst du mich heute:

Haare: ....

Kleidung: ....

Schuhe: ....

Mein Lieblingssitznachbar war: ....

Neben .... wollte ich nie sitzen, weil

....

Diese Fächer mochte ich gern: ....

....

Auf diese Fächer hätte ich lieber verzichtet: ....

....

Meine zwei Lieblingslehrer waren:

.... (Fach: ....)

.... (Fach: ....)

Diese zwei Lehrer hätte ich lieber beurlauben lassen:

.... (Fach: ....)

.... (Fach: ....)

An der Schule fand ich toll, dass: ....

....

Manchmal wäre ich lieber nicht zur Schule gegangen, weil: ....

....

Ihn/Sie mochte ich besonders gern: ....

Ihn/Sie konnte ich nicht leiden: ....

Irgendwann fiel mir auf, dass ich in .... verknallt war.

Und ich bemerkte, dass .... in mich verknallt war.

Dies hatte zur Folge, dass ....

....

Diese besonderen Kurse habe ich belegt:

....

Meinen Schulabschluss habe ich ❑ glorreich ❑ ganz gut ❑ so la la

❑ gerade noch   ❑ immer noch nicht   gemacht.

So ging es nach der Schulzeit bei mir weiter:

Lehre zum/zur ....

❑ abgeschlossen ❑ abgebrochen

Studium ....

❑ abgeschlossen ❑ abgebrochen

Sonstiges: ....

Ich hatte nach der Schulzeit genug vom Sitzen und machte

❑ eine Weltreise ❑ meine eigene Firma ❑ Kinder

❑ die Geldbörse weit auf und pumpte mir Geld

❑ ....

Beruflich habe ich/bin ich heute

❑ Top Job ❑ Führungskraft ❑ Manager ❑ Checker
❑ unterbezahlt ❑ frustriert ❑ wieder mal in Ausbildung

❑ ....

Partnerschaftlich bin ich

❑ Happy Single ❑ noch zu haben ❑ glücklich verheiratet
❑ in Trennung ❑ erfolgreich geschieden ❑ einsam

❑ ....

Kinder?

❑ keine eigenen ❑ wenige ❑ viele ❑ geborgte

❑ noch unterwegs ❑ Bestellung verpasst ❑ danke nein

❑ ....

Wohnort?

❑ Großstadt ❑ Kleinstadt ❑ Dorf ❑ Prärie ❑ auf hoher See

❑ ....

Momentan wohne ich

❑ in einem Haus ❑ in einer Wohnung ❑ in einer WG

❑ in einem Wohnwagen ❑ in einem Zelt/in einer Jurte

❑ ....

Ich liebe es, in meiner Freizeit ....

....

Gegen diese Speisen/Sachen bin ich allergisch: ....

....

Ich stehe total auf ....

....

Wenn ich mir ein Auto wünschen dürfte, wäre das ein ....

....

So viel Geld hätte ich gerne: ....

Wenn ich die Wahl hätte, würde ich gerne hier wohnen: ....

....

Und dort wäre ich gerne .... von Beruf.

Könnte ich die Zeit nochmal zurückdrehen, würde ich ....

....

....

Wenn wir uns in ☐ 5 ☐ 10 ☐ 15 ☐ 20 ☐ .... Jahren
wieder treffen, wird sich Folgendes bei mir verändert haben:

....

....

Mein Spruch für dich:

....

....

....

....

Ich heiße: ....

Mein Nachname zur Schulzeit war: ....

Mein Spitzname in der Schule war: ....

Geboren wurde ich am .... in ....

Meine E-Mail-Adresse: ....

Meine Telefonnummer: ....

Folgende Schulen habe ich besucht:

Schule .... von .... bis ....

Schule .... von .... bis ....

Schule .... von .... bis ....

Schule .... von .... bis ....

Meine besonderen Merkmale aus der Schulzeit waren:

❑   super pünktlich   ❑   freie Zeiteinteilung
❑   leckeres Pausenbrot   ❑   oft kein Futter eingepackt
❑   Hausaufgabe dabei   ❑   Hausaufgabe – was ist das?
❑   Super-Streber   ❑   mittlerer Mitläufer
❑   auf dem neuesten Stand   ❑   nix gepeilt
❑   ständig am Ratschen   ❑   schweigsam und still
❑   fit wie ein Turnschuh   ❑   schlapp vom Partymachen

❑   ....
❑   ....

Daran hast du mich erkannt:

Haare: ....

Kleidung: ....

Schuhe: ....

Daran erkennst du mich heute:

Haare: ....

Kleidung: ....

Schuhe: ....

Mein Lieblingssitznachbar war: ....

Neben .... wollte ich nie sitzen, weil

....

Diese Fächer mochte ich gern: ....

....

Auf diese Fächer hätte ich lieber verzichtet: ....

....

Meine zwei Lieblingslehrer waren:

.... (Fach: ....)

.... (Fach: ....)

Diese zwei Lehrer hätte ich lieber beurlauben lassen:

.... (Fach: ....)

.... (Fach: ....)

An der Schule fand ich toll, dass: ....

....

Manchmal wäre ich lieber nicht zur Schule gegangen, weil: ....

....

Ihn/Sie mochte ich besonders gern: ....

Ihn/Sie konnte ich nicht leiden: ....

Irgendwann fiel mir auf, dass ich in .... verknallt war.

Und ich bemerkte, dass .... in mich verknallt war.

Dies hatte zur Folge, dass ....

....

Diese besonderen Kurse habe ich belegt:

....

Meinen Schulabschluss habe ich ❑ glorreich ❑ ganz gut ❑ so la la

❑ gerade noch   ❑ immer noch nicht   gemacht.

So ging es nach der Schulzeit bei mir weiter:

Lehre zum/zur ....

❏ abgeschlossen   ❏ abgebrochen

Studium ....

❏ abgeschlossen   ❏ abgebrochen

Sonstiges: ....

Ich hatte nach der Schulzeit genug vom Sitzen und machte

❏ eine Weltreise   ❏ meine eigene Firma   ❏ Kinder

❏ die Geldbörse weit auf und pumpte mir Geld

❏ ....

Beruflich habe ich/bin ich heute

❏ Top Job   ❏ Führungskraft   ❏ Manager   ❏ Checker
❏ unterbezahlt   ❏ frustriert   ❏ wieder mal in Ausbildung

❏ ....

Partnerschaftlich bin ich

❏ Happy Single   ❏ noch zu haben   ❏ glücklich verheiratet
❏ in Trennung   ❏ erfolgreich geschieden   ❏ einsam

❏ ....

Kinder?

❏ keine eigenen   ❏ wenige   ❏ viele   ❏ geborgte
❏ noch unterwegs   ❏ Bestellung verpasst   ❏ danke nein

❏ ....

Wohnort?

❏ Großstadt   ❏ Kleinstadt   ❏ Dorf   ❏ Prärie   ❏ auf hoher See

❏ ....

Momentan wohne ich

❏ in einem Haus   ❏ in einer Wohnung   ❏ in einer WG

❏ in einem Wohnwagen   ❏ in einem Zelt/in einer Jurte

❏ ....

Ich liebe es, in meiner Freizeit ....

....

Gegen diese Speisen/Sachen bin ich allergisch: ....

....

Ich stehe total auf ....

....

Wenn ich mir ein Auto wünschen dürfte, wäre das ein ....

....

So viel Geld hätte ich gerne: ....

Wenn ich die Wahl hätte, würde ich gerne hier wohnen: ....

....

Und dort wäre ich gerne .... von Beruf.

Könnte ich die Zeit nochmal zurückdrehen, würde ich ....

....

....

Wenn wir uns in ☐ 5 ☐ 10 ☐ 15 ☐ 20 ☐ .... Jahren
wieder treffen, wird sich Folgendes bei mir verändert haben:

....

....

Mein Spruch für dich:

....

....

....

....

Ich heiße: ....

Mein Nachname zur Schulzeit war: ....

Mein Spitzname in der Schule war: ....

Geboren wurde ich am .... in ....

Meine E-Mail-Adresse: ....

Meine Telefonnummer: ....

Folgende Schulen habe ich besucht:

Schule .... von .... bis ....

Schule .... von .... bis ....

Schule .... von .... bis ....

Schule .... von .... bis ....

Meine besonderen Merkmale aus der Schulzeit waren:

❑ super pünktlich   ❑ freie Zeiteinteilung
❑ leckeres Pausenbrot   ❑ oft kein Futter eingepackt
❑ Hausaufgabe dabei   ❑ Hausaufgabe – was ist das?
❑ Super-Streber   ❑ mittlerer Mitläufer
❑ auf dem neuesten Stand   ❑ nix gepeilt
❑ ständig am Ratschen   ❑ schweigsam und still
❑ fit wie ein Turnschuh   ❑ schlapp vom Partymachen

❑ ....

❑ ....

Daran hast du mich erkannt:

Haare: ....

Kleidung: ....

Schuhe: ....

Daran erkennst du mich heute:

Haare: ....

Kleidung: ....

Schuhe: ....

Mein Lieblingssitznachbar war: ....

Neben .... wollte ich nie sitzen, weil

....

Diese Fächer mochte ich gern: ....

....

Auf diese Fächer hätte ich lieber verzichtet: ....

....

Meine zwei Lieblingslehrer waren:

.... (Fach: ....)

.... (Fach: ....)

Diese zwei Lehrer hätte ich lieber beurlauben lassen:

.... (Fach: ....)

.... (Fach: ....)

An der Schule fand ich toll, dass: ....

....

Manchmal wäre ich lieber nicht zur Schule gegangen, weil: ....

....

Ihn/Sie mochte ich besonders gern: ....

Ihn/Sie konnte ich nicht leiden: ....

Irgendwann fiel mir auf, dass ich in .... verknallt war.

Und ich bemerkte, dass .... in mich verknallt war.

Dies hatte zur Folge, dass ....

....

Diese besonderen Kurse habe ich belegt:

....

Meinen Schulabschluss habe ich ❑ glorreich ❑ ganz gut ❑ so la la

❑ gerade noch   ❑ immer noch nicht   gemacht.

123

So ging es nach der Schulzeit bei mir weiter:

Lehre zum/zur ....

☐ abgeschlossen ☐ abgebrochen

Studium ....

☐ abgeschlossen ☐ abgebrochen

Sonstiges: ....

Ich hatte nach der Schulzeit genug vom Sitzen und machte

☐ eine Weltreise ☐ meine eigene Firma ☐ Kinder

☐ die Geldbörse weit auf und pumpte mir Geld

☐ ....

Beruflich habe ich/bin ich heute

☐ Top Job ☐ Führungskraft ☐ Manager ☐ Checker
☐ unterbezahlt ☐ frustriert ☐ wieder mal in Ausbildung

☐ ....

Partnerschaftlich bin ich

☐ Happy Single ☐ noch zu haben ☐ glücklich verheiratet
☐ in Trennung ☐ erfolgreich geschieden ☐ einsam

☐ ....

Kinder?

☐ keine eigenen ☐ wenige ☐ viele ☐ geborgte
☐ noch unterwegs ☐ Bestellung verpasst ☐ danke nein

☐ ....

Wohnort?

☐ Großstadt ☐ Kleinstadt ☐ Dorf ☐ Prärie ☐ auf hoher See

☐ ....

Momentan wohne ich

☐ in einem Haus ☐ in einer Wohnung ☐ in einer WG

☐ in einem Wohnwagen ☐ in einem Zelt/in einer Jurte

☐ ....

Ich liebe es, in meiner Freizeit ....

....

Gegen diese Speisen/Sachen bin ich allergisch: ....

....

Ich stehe total auf ....

....

Wenn ich mir ein Auto wünschen dürfte, wäre das ein ....

....

So viel Geld hätte ich gerne: ....

Wenn ich die Wahl hätte, würde ich gerne hier wohnen: ....

....

Und dort wäre ich gerne .... von Beruf.

Könnte ich die Zeit nochmal zurückdrehen, würde ich ....

....

....

Wenn wir uns in ☐ 5 ☐ 10 ☐ 15 ☐ 20 ☐ .... Jahren
wieder treffen, wird sich Folgendes bei mir verändert haben:

....

....

Mein Spruch für dich:

....

....

....

....

125

Ich heiße: ....

Mein Nachname zur Schulzeit war: ....

Mein Spitzname in der Schule war: ....

Geboren wurde ich am .... in ....

Meine E-Mail-Adresse: ....

Meine Telefonnummer: ....

Folgende Schulen habe ich besucht:

Schule .... von .... bis ....

Schule .... von .... bis ....

Schule .... von .... bis ....

Schule .... von .... bis ....

Meine besonderen Merkmale aus der Schulzeit waren:

❑   super pünktlich   ❑   freie Zeiteinteilung

❑   leckeres Pausenbrot   ❑   oft kein Futter eingepackt

❑   Hausaufgabe dabei   ❑   Hausaufgabe – was ist das?

❑   Super-Streber   ❑   mittlerer Mitläufer

❑   auf dem neuesten Stand   ❑   nix gepeilt

❑   ständig am Ratschen   ❑   schweigsam und still

❑   fit wie ein Turnschuh   ❑   schlapp vom Partymachen

❑   ....

❑   ....

Daran hast du mich erkannt:

Haare: ....

Kleidung: ....

Schuhe: ....

Daran erkennst du mich heute:

Haare: ....

Kleidung: ....

Schuhe: ....

Mein Lieblingssitznachbar war: ....

Neben .... wollte ich nie sitzen, weil

....

Diese Fächer mochte ich gern: ....

....

Auf diese Fächer hätte ich lieber verzichtet: ....

....

Meine zwei Lieblingslehrer waren:

.... (Fach: ....)

.... (Fach: ....)

Diese zwei Lehrer hätte ich lieber beurlauben lassen:

.... (Fach: ....)

.... (Fach: ....)

An der Schule fand ich toll, dass: ....

....

Manchmal wäre ich lieber nicht zur Schule gegangen, weil: ....

....

Ihn/Sie mochte ich besonders gern: ....

Ihn/Sie konnte ich nicht leiden: ....

Irgendwann fiel mir auf, dass ich in .... verknallt war.

Und ich bemerkte, dass .... in mich verknallt war.

Dies hatte zur Folge, dass ....

....

Diese besonderen Kurse habe ich belegt:

....

Meinen Schulabschluss habe ich ❏ glorreich ❏ ganz gut ❏ so la la

❏ gerade noch   ❏ immer noch nicht   gemacht.

127

So ging es nach der Schulzeit bei mir weiter:

Lehre zum/zur ....

❑ abgeschlossen   ❑ abgebrochen

Studium ....

❑ abgeschlossen   ❑ abgebrochen

Sonstiges: ....

Ich hatte nach der Schulzeit genug vom Sitzen und machte

❑ eine Weltreise   ❑ meine eigene Firma   ❑ Kinder

❑ die Geldbörse weit auf und pumpte mir Geld

❑ ....

Beruflich habe ich/bin ich heute

❑ Top Job   ❑ Führungskraft   ❑ Manager   ❑ Checker
❑ unterbezahlt   ❑ frustriert   ❑ wieder mal in Ausbildung

❑ ....

Partnerschaftlich bin ich

❑ Happy Single   ❑ noch zu haben   ❑ glücklich verheiratet
❑ in Trennung   ❑ erfolgreich geschieden   ❑ einsam

❑ ....

Kinder?

❑ keine eigenen   ❑ wenige   ❑ viele   ❑ geborgte
❑ noch unterwegs   ❑ Bestellung verpasst   ❑ danke nein

❑ ....

Wohnort?

❑ Großstadt   ❑ Kleinstadt   ❑ Dorf   ❑ Prärie   ❑ auf hoher See

❑ ....

Momentan wohne ich

❑ in einem Haus   ❑ in einer Wohnung   ❑ in einer WG

❑ in einem Wohnwagen   ❑ in einem Zelt/in einer Jurte

❑ ....

Ich liebe es, in meiner Freizeit ....

....

Gegen diese Speisen/Sachen bin ich allergisch: ....

....

Ich stehe total auf ....

....

Wenn ich mir ein Auto wünschen dürfte, wäre das ein ....

....

So viel Geld hätte ich gerne: ....

Wenn ich die Wahl hätte, würde ich gerne hier wohnen: ....

....

Und dort wäre ich gerne .... von Beruf.

Könnte ich die Zeit nochmal zurückdrehen, würde ich ....

....

....

Wenn wir uns in ☐ 5 ☐ 10 ☐ 15 ☐ 20 ☐ .... Jahren
wieder treffen, wird sich Folgendes bei mir verändert haben:

....

....

Mein Spruch für dich:

....

....

....

....

Schnappschüsse

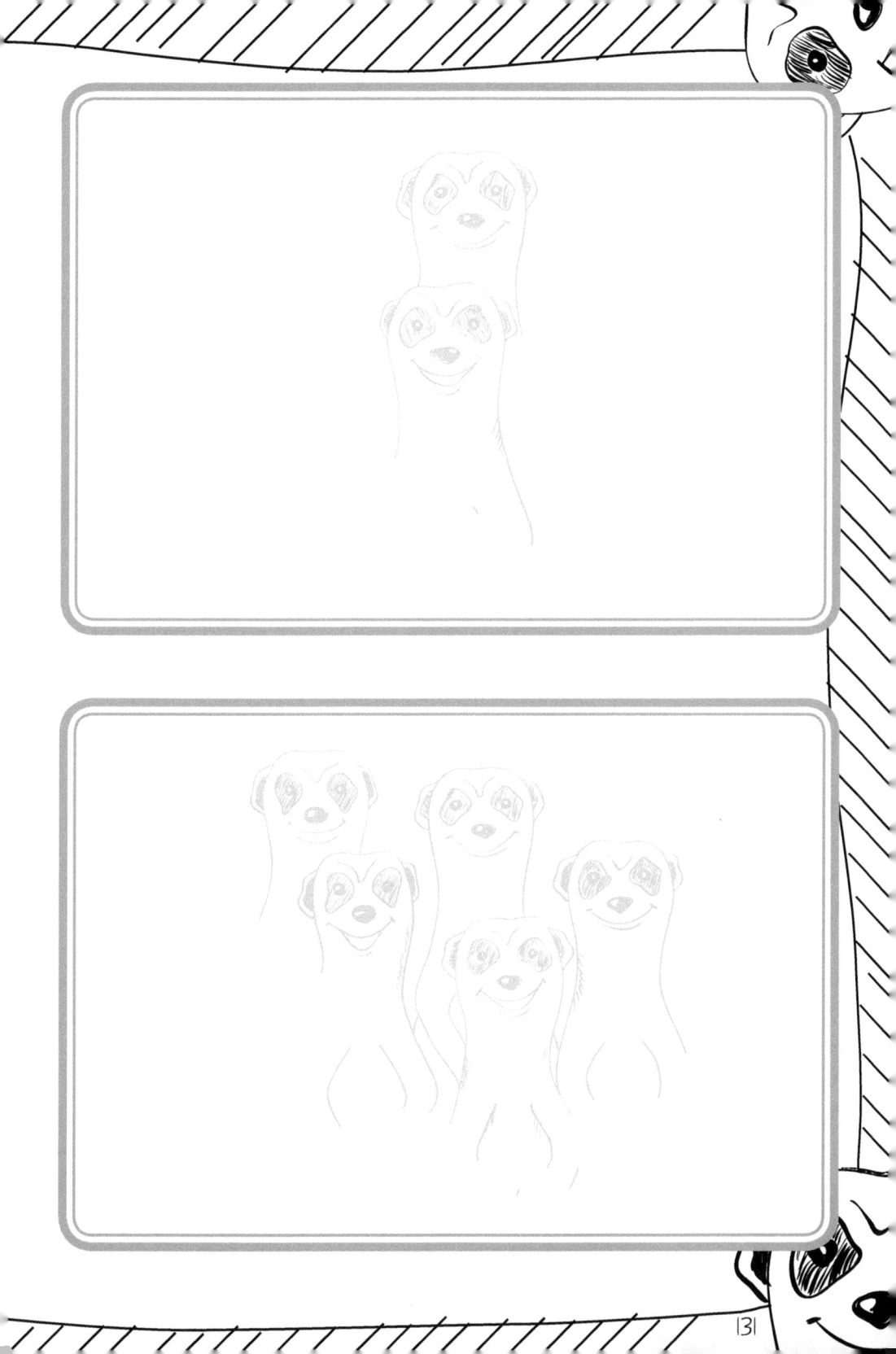

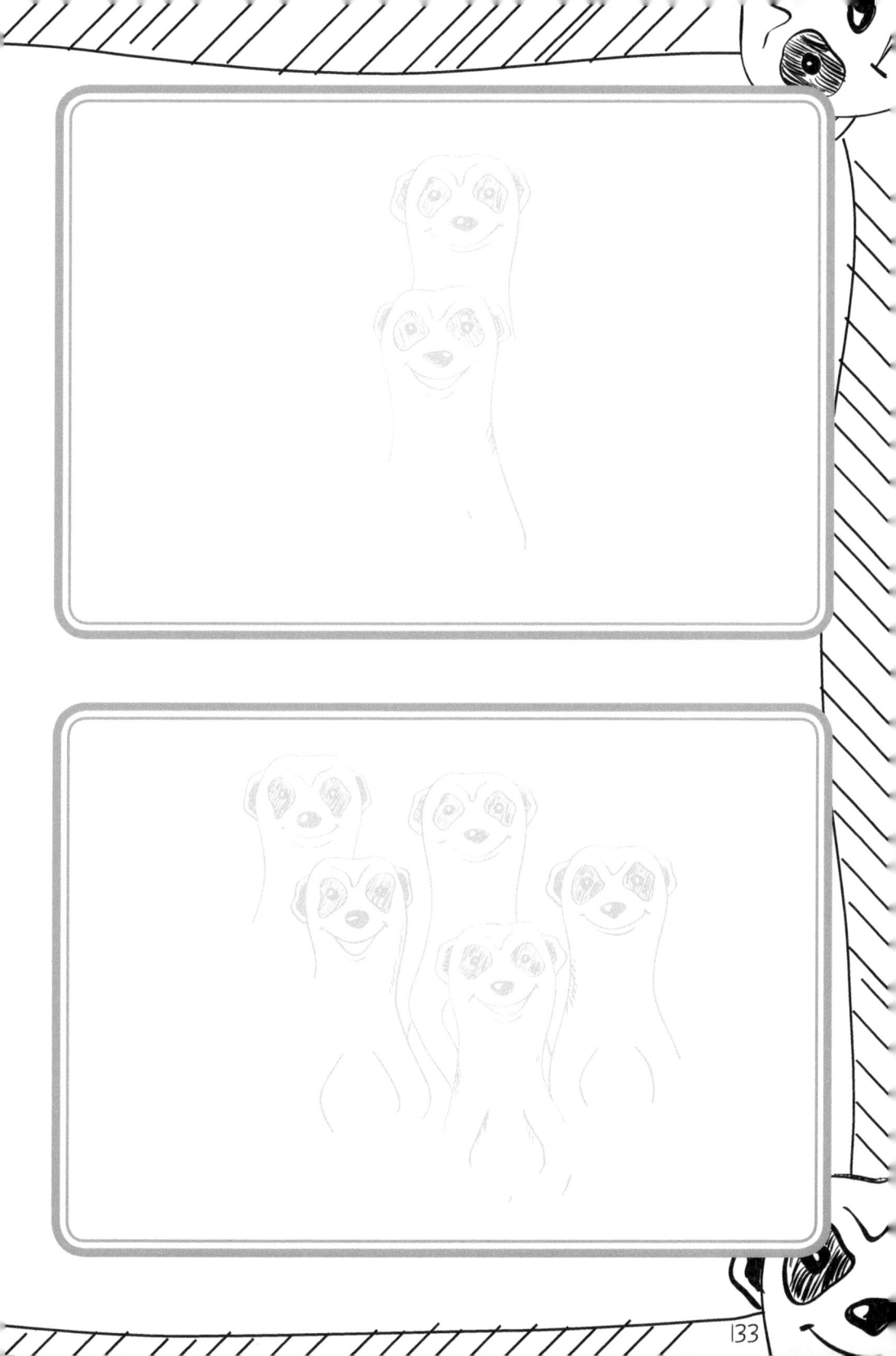

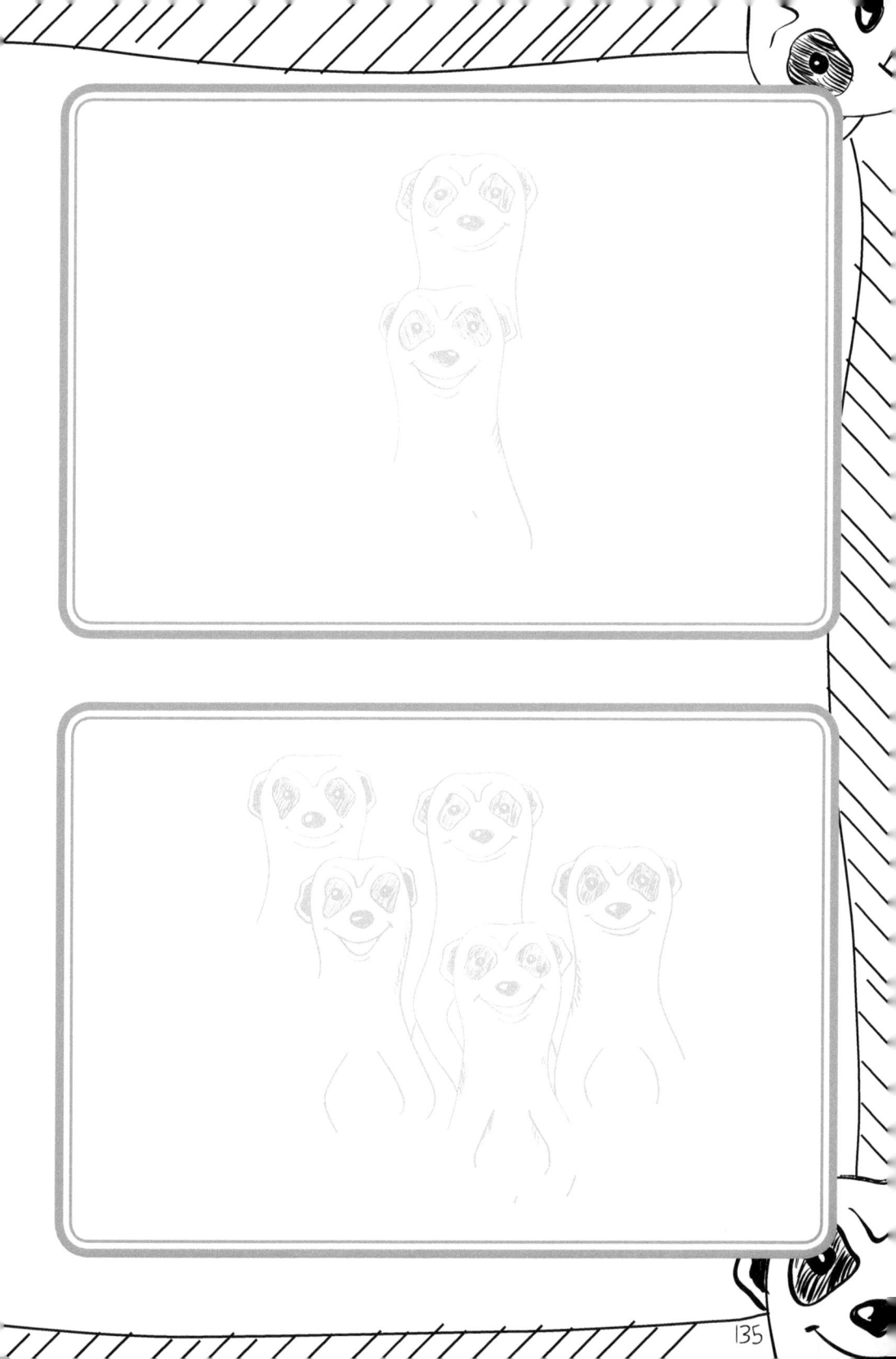

Notizen

nanu?

Notizen

huhu !

Bibliografische Information der Deutschen Nationalbibliothek
Die Deutsche Nationalbibliothek verzeichnet diese Publikation in der
Deutschen Nationalbibliografie; detaillierte bibliografische Daten sind im Internet über
http://dnb.d-nb.de abrufbar.

*Das Klassentreffen-Freundebuch – Für die wichtigsten Erinnerungen
und Erkenntnisse nach der gemeinsamen Schulzeit
Autorin: Dr. phil. Caroline Oblasser*

Besonderer Hinweis

1. Auflage   Oktober 2016
© 2016   edition riedenburg
Verlagsanschrift   Anton-Hochmuth-Straße 8
                5020 Salzburg, Österreich
Internet   www.editionriedenburg.at
E-Mail   verlag@editionriedenburg.at

Lektorat   Dr. phil. Heike Wolter, Regensburg
Bildnachweis   Lächelnde Meerkatzen © Annykos – Fotolia.com
Satz und Layout   edition riedenburg
Herstellung   Books on Demand GmbH, Norderstedt

ISBN 978-3-903085-54-1

Dein Verlag:

edition riedenburg

editionriedenburg.at